T0349273

ADN Madrid

ADN Madrid
21 historias de un equipo de leyenda

Jesús Bengoechea

Penguin
Random House
Grupo Editorial

Primera edición: noviembre de 2024

© 2024, Jesús Bengoechea
© 2024, Roca Editorial de Libros, S.L.U.
Travessera de Gràcia, 47-49. 08021 Barcelona

Printed in Spain – Impreso en España

ISBN: 978-84-19743-94-7
Depósito legal: B-16085-2024

Compuesto en Fotoletra, S. A.

Impreso en Unigraf
Móstoles (Madrid)

RE 4 3 9 4 7

Índice

1

El mundo entero sabía
lo que pasaría en el partido

«The whole world knew what would happen in the match», me dijo Dan Austin, un amigo inglés, periodista deportivo, en un escueto intercambio de wasaps el 2 de junio de 2024, es decir, el día siguiente de que el Real Madrid ganara su decimoquinta Champions League en el augusto escenario del estadio londinense de Wembley.

Por supuesto, creo que exagera, pero no tengo la menor duda de que la frase representa fielmente lo que la mayoría de los no madridistas (antimadridistas incluidos) piensan sobre el equipo blanco, es decir, que no hay nada que pueda hacerse ante lo que consideran un destino favorable al Madrid escrito en las estrellas, o algo así. «El mundo entero sabía lo que pasaría en el partido», o sea, que el Madrid sufriría, porque sin sufrimiento el club no compulsa sus grandes triunfos, pero que acabaría arramblando con una nueva Copa de Europa, que después Militão volvería a pasar por el escáner en el control de maletas, en el aeropuerto, de vuelta a la capital de España. El Madrid no tiene por costumbre desplazarse para jugar una final de Champions y volver con las mismas piezas de equipaje con las que llegó. Acostumbra más bien a añadir un objeto plateado, de asas extensas y sobresalientes, en cuya superficie está grabado su nombre y en cuyo interior cabe un niño de dos años sin riesgo de tener que desatornillarlo después.

Soy consciente de esto último porque el trofeo —tras pasar por el escáner, volar rumbo a Madrid pasando de mano en mano en medio de la fiesta, ser presentado en la Almudena, el Gobierno de la Comunidad, el Ayuntamiento y finalmente ante las masas en la Cibeles y el Bernabéu— acabaría llegando, al día siguiente, al estudio de Real Madrid TV, donde no solamente todos nos hicimos nuestra correspondiente foto con la Orejona, sino donde nuestra compañera Cristina Gullón metió dentro de la Copa a su niño, que andaba por allí, para inmortalizarlo dentro. Si Obélix se cayó en la marmita donde el druida preparaba la poción mágica, aproximadamente a la misma edad que el hijo de Cristina, con los resultados conocidos, ¿qué gestas sin cuento no podrán esperarse de este ser humano cuando crezca?

Según mi amigo Dan, como trato de referir si logro dejar de divagar, el mundo entero sabía lo que iba a pasar. «¿El mundo entero sabía que Carvajal, ciudadano madrileño de un metro y setenta centímetros, se elevaría en un córner por encima de los más fieros gigantes alemanes para rematar a la red un córner botado por Kroos, justo cuando el Madrid empezaba a recuperarse de un pésimo primer tiempo donde las ocasiones habían sido del Dortmund, su aguerrido y rapidísimo rival?».

«You know what I mean», contestó Dan. Pero no, yo no sabía exactamente lo que quería decir. Si los no madridistas, e incluso los antis, saben perfectamente que el Madrid acabará ganando, pase lo que pase durante el partido, nos podrían contagiar algo de su proverbial seguridad en el cumplimiento de ese sino, dado que nosotros, quiérase o no, algo seguimos sufriendo durante los partidos, e incluso antes. Nosotros lo tenemos menos claro que ellos. Unas horas antes del pitido inicial, mi hermano, mi sobrino y yo andábamos por la *fan zone* madridista, situada junto al puente de Waterloo a orillas del Támesis, tomando cervezas, entonando canciones de amor y de guerra («¿Cómo no te voy a querer?» era la más coreada) y preguntándonos si lo estábamos pasando bien o no.

—La sensación es que lo estamos pasando bien —explicaba mi hermano—, pero puede ser engañosa, porque todos sabemos que en la memoria este de ahora mismo quedará como un buen rato solamente si dentro de unas horas levantamos la Copa. Si luego palmamos la final, resultará que este no será un buen rato. No será en absoluto recordado como tal. Este buen rato hay que homologarlo luego, retrospectivamente, si ganamos el partido. Si no lo hacemos, no será nunca un buen rato, aunque ahora creamos estar disfrutándolo, engañosamente.

—Entonces, ¿no podemos decir: «Qué bien lo estamos pasando»? —le pregunté a mi hermano, que es de quien aprendí el madridismo y a quien, por tanto, corresponde formular estas preguntas enjundiosas.

—No podemos. Es el futuro cercano lo que va a decidir

la calidad de este momento. Si acaso, podríamos decir algo así como «Qué bien podemos estar pasándolo, posiblemente», o «A falta de conocer si luego batimos al Dortmund o no, esta de ahora tiene pinta de poder coronarse después en nuestra memoria, quizá, y con las debidas precauciones, como una previa gozosa».

He dicho que cantábamos «¿Cómo no te voy a querer?», canción sobre la cual me voy a permitir una disculpable digresión.

Cómo no te voy a querer.
Cómo no te voy a querer
si fuiste campeón de Europa
una y otra vez.

La canción ha experimentado una transformación a lo largo de los años. Nació —y lo hizo, supongo, porque alguien la inventó, aunque nadie que se sepa ha hecho valer sus derechos en la SGAE— en vísperas de la conquista de la Décima, de la que nos ocuparemos después en este libro. Por entonces decía así:

Cómo no te voy a querer.
Cómo no te voy a querer
si fuiste campeón de Europa
por novena vez.

Quedó desfasada, claro, por lo que la palabra «novena» fue sustituida por «décima». La cosa funcionó por poco tiempo, dado que el logro de la Decimoprimera o Undécima hizo trizas la métrica. Ya no encajaba. Lo de «una y otra vez», que se le ocurrió a alguien, fue una buena salida para poder seguir cantando la mejor de nuestras canciones sin arruinar el soniquete, y además no puede ser más fiel a la verdad, porque eso, ganarla una y otra vez, es lo que tiene a bien hacer el Real Madrid con frecuencia encomiable. Bien es cierto que sería más propio, por mor de dicha frecuencia, cantar «eres» en lugar de «fuiste».

> *Cómo no te voy a querer.*
> *Cómo no te voy a querer*
> *si ERES campeón de Europa*
> *una y otra vez.*

Y luego está la variante que propone mi hija, la cual he tratado de preconizar con éxito sorprendentemente escaso, pues me parece que reforzaría su carácter de soflama.

> *Cómo no te voy a querer.*
> *Cómo no te voy a querer*
> *si fuiste campeón de Europa*
> *Y LO VAS A SER.*

No cejamos de cantarla en la previa en la *fan zone*, a orillas del Támesis, en la que ahora sí que sí, a toro pasado, ya con la victoria en el bolsillo, puede calificarse como una previa muy bonita y disfrutable.

—¿Podemos decir ya que lo estamos pasando bien?

—No —insistía mi hermano—. Hay que esperar al resultado final. Pero, eso sí: qué bien es posible que finalmente lo estemos pasando.

En aquella *fan zone* madridista (donde solo a toro pasado, ya con la Champions a bordo, supimos que lo habíamos pasado bien) apareció también mi amigo Borja Sémper, el político, madridista confeso y convicto. Por mor de su fama, dudé un poco que me hiciera caso cuando sugerí que se nos uniera entre tanta multitud, bajo el puente de Waterloo. No volveré a dudar de él. Apareció por allí luciendo una camiseta blanca en cuya espalda, por si quedaba alguna duda de la jactancia, aparecía serigrafiado el apellido SÉMPER, por si alguien no le había reconocido aún, supongo. No hay que dudar jamás de un hombre en cuya infancia irundarra hay piedras por llevar esa misma zamarra, y en cuya adolescencia hay amenazas de muerte y escoltas por causas más potentes que el fútbol.

—Está muy bien esto, ¿no? —le decía Borja a mi hermano, lata de cerveza en mano, enardecido por los cánticos.

—Depende —le respondía este, crípticamente, sin que nadie le sacara de ahí.

La mejor crónica del partido se la leí a Barney Ronay en *The Guardian*. Su espíritu está impregnado del mismo *fatum* del que habla Dan: todo el mundo dice que sabía lo que iba a pasar, Ronay incluido. Se lo podían haber contado en la *fan zone* a mi hermano para que se relajara y gozara en presente de indicativo, en lugar de hacerlo en condicional compuesto.

Traduzco al excelente comentarista del rotativo inglés,

presente aquella tarde en Wembley: «Quizá, para el ojo no entrenado, puede haber parecido que el equipo vestido de amarillo y negro había dominado. [...] El Borussia Dortmund jugó con vigor y energía. Todo el ruido del estadio provenía de aquel muro amarillo portátil, mientras los seguidores del Madrid esperaban sentados, tranquilamente, a que la victoria tuviera lugar. Bienvenidos al primer acto, también llamado *La parte en la que te hacen creer que les vas a ganar*».

Es un párrafo magistral, si bien volvemos a lo mismo y tendré que manifestar alguna reticencia respecto a la aseveración según la cual nosotros, los aficionados del Madrid, nos limitábamos a esperar sentados a que la victoria tuviera lugar. Definitivamente, y aunque a nuestros jugadores les sobra, a los aficionados blancos nos vendría bien una transfusión de fe por parte de quienes no comulgan con nuestra religión. De haber sido así, de habernos limitado a esperar sentados que llegara el triunfo, plenos de confianza y al parecer silbando para nuestros adentros una melodía de Gilbert O'Sullivan, ni mi hermano ni mis sobrinos ni yo nos habríamos dejado la voz tratando de ofrecer alguna resistencia sonora al muro de hinchas alemanes al que aludía Ronay. Qué manera de animar la de esa gente. No he visto nada igual. Tampoco he visto muchos rivales tan dignos y admirables como este Dortmund.

Cuando llega al momento decisivo de la final, aquel donde se dobla el tiempo y toman sentido todas las cervezas de la *fan zone* que ya palidecían en las fotos, Ronay afina más aún su prosa irónica. Cuando la ironía amable se da la mano con la épica, tiene lugar un estremecimiento muy particular entre las líneas, como el que se da en general cuando hay una disonancia creativa entre fondo y forma. «Cuando llegó el momento, lo hizo con una suerte de calma aparejada, y también con un sentido de reconocimiento, como un puzle que se resuelve. Ah, bien. Es ahora, es así. Dani Carvajal mide 1,70. Cuando Toni Kroos lanzó el córner desde el lado izquierdo, a Carvajal lo marcaba Niclas Füllkrug, que mide 1,91».

No hacía falta que Dani Carvajal marcase ese gol antológico, con aquel cabezazo para la historia, para que certificara la mejor temporada de su vida. Desde que Carvajal dejó el gluten yo como más gluten que nunca, pero nunca con mayor arrepentimiento. Qué manera de jugar, qué manera de porfiar aquí y allá, qué manera de convertirse en un centrocampista más, o en delantero centro cuando las circunstancias lo demandan, desde el día en que introdujo esa restricción en su dieta.

Tampoco hacía falta que marcase ese gol para sellar su condición indiscutible, y creo que indiscutida, de mejor lateral derecho de la historia del Real Madrid. Con la de Wembley son seis Champions en el momento en que escribo esto (quién sabe si no serán más para el momento en que el lector se haga carne ante estas páginas), y ese palmarés habla por sí solo, así como su importancia en el logro de ese palmarés, desde Lisboa hasta Londres pasando por tantos partidos anteriores a esas finales. Con esas seis Champions —honor en el cual le acompañaron sus amigos Kroos, Modrić y Nacho—, empataba Dani con un tal Paco Gento, superando todos ellos (don Paco, Dani, Luka, Toni y Nacho) en palmarés europeo a muchísimos clubes, paguen estos al vicepresidente de los árbitros de su país o se abstengan de hacerlo.

Luego redondearía el marcador un insuperable Vinícius, pero hay justicia poética en el hecho de que la final se abriera al Madrid merced al gol de un lateral derecho. No hay posición más impopular y abnegada en el mundo del fútbol. Los laterales del otro lado tienen mayor predicamento, dignificada como está la posición por un ramillete de peloteros legendarios, entre ellos dos madridistas (Roberto Carlos y Marcelo) o el milanista más guapo que jamás desfiló en el *catwalk*, Paolo Maldini. La defensa de la banda derecha, en cambio, es un punto ciego en el ojo del espectador que, salvo casos de máxima erudición, apenas es capaz de citar a Cafú como un exponente de excelencia en el puesto. Yo mismo he jugado como lateral derecho, con eso está dicho absolutamente todo.

También hay justicia poética en que fuera no cualquier lateral derecho, sino precisamente Carvajal, quien se adelantara a sus titánicos marcadores para rematar a gol, adjudicándose el punto de inflexión de la final y el MVP de esta por el mismo precio. El valor simbólico del jugador madrileño queda más allá de toda duda. Cuando era un niño, puso la primera piedra de la Ciudad Deportiva de Valdebebas junto a don Alfredo Di Stéfano, ni más ni menos. Por entonces era un crío más dentro de las divisiones inferiores del club, uno más de cuantos están destinados, en su gran mayoría, a no llegar a jugar en el Madrid, es más, a no ser ni siquiera profesionales. Fuera por la bendición que posiblemente acompañe al mero hecho de ir de la mano del primer presidente de honor de la historia del Real Madrid, o fuera por las razones que fuesen, aquel niño estaba sin embargo destinado a una carrera grande. Muy grande.

Escribe sobre esto Antonio Valderrama en *La Galerna*: «De entre todos los niños que hace veinte años jugaban en la cantera del Madrid, el club eligió a uno de Leganés, Daniel Carvajal Ramos, para que acompañara a Alfredo Di Stéfano en la ceremonia de la colocación de la primera piedra de la nueva ciudad deportiva en Valdebebas. Nadie lo podía saber entonces, pero el futbolista más grande de todos los que han vestido la camiseta blanca llevaba de la mano a un niño que lo superaría en Copas de Europa. El gran patriarca conduce al rey del mañana, le cede el testigo, le pasa la antorcha de los constructores de mundos. Cuando la historia sucede ante nuestros ojos, casi nunca somos capaces de darnos cuenta».

«¿Cuántas posibilidades había de que ocurriera algo así, de que esa fotografía fuese posible?», se pregunta Valderrama. Y él mismo se responde: «Las mismas de casi todo lo que logra el Madrid: prácticamente, ninguna. Y, sin embargo, como volvió a demostrar en Wembley el sábado por la noche, el Real Madrid Club de Fútbol es la posibilidad de lo imposible. El niño Carvajal, ahora adulto, veterano y capitán, se aupó en los hombros de todos los gigantes que lo han precedido y remató en el primer palo saltando por encima de un puñado de alemanes de dos metros. El Madrid es el sitio donde los niños todavía pueden volar, un territorio fuera del tiempo hecho de los sueños y del deseo de millones de criaturas».

«Tu equipo hace que los goles sucedan», suele decirme también mi amigo Dan, entre la admiración, la envidia y la perplejidad. Tiene razón. El Madrid juega muy bien muchas veces, pero es como si no lo necesitara. Juega bien como algo aparte, como un bonus ocasional, pero el ganar es la condición *sine qua non*. Dentro de esa premisa, jugar tan mal como lo hizo en el primer tiempo de Wembley, su primera final allí, no esconde ninguna tragedia, porque el Madrid no toma nota de que las cosas no le están saliendo. No llama por teléfono a ningún pariente para que se asuste junto a él, como hacemos los hipocondriacos. De manera no menos admirable, la vieja estrella mancuniana Rio Ferdinand, ahora convertido en *pundit* que no esconde sus simpatías por el equipo blanco, definió jovialmente al equipo merengue de la primera parte en Wembley como un equipo *happy to suffer*. El Madrid prefiere sobrevivir a vivir, al menos durante un rato de cada partido, y sí, está feliz de sufrir a veces, porque ganar de ese modo alimenta la leyenda, y la leyenda es más vulnerable si no se (re)alimenta.

Pero ¿qué estamos diciendo? Al fin y al cabo, el mundo entero sabía lo que pasaría en el partido, ¿verdad?, y cualquier reticencia para gozarlo a conciencia en la *fan zone*, despreocupadamente, no se puede catalogar más que de exceso de prudencia.

2

Joselu, héroe improbable

No comprendo la acepción despectiva de la palabra «cuñado». Descuento que quien la alumbró tuvo una hermana casada con un completo cretino, o bien que su cónyuge tenía a su vez un hermano con pocas luces y/o propenso al bocachanclismo, que es lo que parece desprenderse de la acepción, no recogida, por cierto, en el diccionario de la RAE. Personalmente, he debido tener mucha suerte con mis cuñados, porque esta percepción se me antoja a una distancia de varios universos. Así que me resisto a llamar «cuñado» a los tontos o poco versados cuyo escaso bagaje cultural no les impide opinar sobre todo, que será básicamente el significado que desplegará la Academia cuando acoja la acepción. No, un imbécil es un imbécil, pero no necesariamente un cuñado. En todo caso, repare quien use el término que se trata de un parentesco biyectivo. Así, todo cuñado es a su vez el cuñado de su cuñado y, por tanto, quien abraza la desconsideración no deja de ser cuñado asimismo. Espinoso territorio.

La condición de madridista debería ser suficiente para desterrar el uso despectivo del término. Desde la temporada de la Quince, que es también la de la aplastante liga número treinta y seis del club, hay en la historia del club dos cuñados cuyo parentesco está escrito ya con tinta indeleble. Hablamos del protagonista principal del capítulo anterior y del protagonista principal de este. No se puede ser más cuñados de lo que son estos dos héroes, y no puede ser más imposible aplicar un barniz peyorativo al asunto. Carvajal está casado con la hermana de la mujer de Joselu, pero es que Joselu también está casado con la hermana de la mujer de Carvajal. ¡Están respectivamente casados con dos hermanas, gemelas además! Cuñadismo extremo, catarsis de cuñadismo, y sin embargo no hay mácula alguna en el cociente intelectual de ambos. No solo son dos jugadores ejemplares, cada uno a su estilo y con carreras dispares, sino que actúan siempre con tiento y se manifiestan públicamente de manera articulada. Refutación del cuñadismo a punta de cuñadismo, rematará un amante de las paradojas. Se ignora si hubieron de solicitar sendas dispensas papales (o una grupal) para rematar semejante exceso ante el altar (o los altares).

Nada de lo comentado en el capítulo anterior habría tenido lugar si en el partido de vuelta de la semifinal correspondiente, el día 9 de mayo de 2024, uno de los dos cuñados no hubiera allanado el camino del otro con dos goles cuando el Madrid estaba fuera. Es un detalle que debe ser agradecido en la próxima cena de Nochebuena llevando a la suegra (compartida en este caso) a casa al término de los turrones, cuando tan poco apetece agarrar el coche.

Joselu marcó los dos goles saliendo desde el banquillo. Son historia del Real Madrid con todos los marchamos de autenticidad posibles, y son código genético blanco como para volver loco a Mendel. Sería decisivo en toda una semifinal de Champions el tipo que para la edición de 2022 hizo el petate y se fue a ver jugar a su Madrid luciendo una camiseta con el dorsal de su cuñado. Esta historia se suele contar agregando la coletilla «como un aficionado más», pero es que no era otra cosa: un aficionado más, con un pasado como canterano madridista, que se busca la vida para procurarse una entrada y arrostra las incomodidades y las logísticas difíciles inherentes a toda final para ver jugar a su Madrid, que en su caso era el Madrid de su cuñado, pero que sobre todo era el equipo de sus sueños. El mero (¿mero?) hincha de la grada en 2022 se convertiría en forjador de glorias en 2024, sobre el césped. De admirador de héroes a héroe de pleno derecho. En todo gran éxito del equipo del Bernabéu hay protagonismo de algún madridista con pedigrí, entendido este como un aficionado de alcurnia. El madridismo no es exigible en los jugadores, solo la profesionalidad lo es. Pero el entender que nuestros héroes participan del mismo sentimiento por el escudo que el aficionado más pasional supone un indudable plus, un aditamento que brinda más sentido al cotarro. Eso sucede con Joselu, aunque a fuer de ser sinceros es uno de los encantos colectivos de este Madrid de la Catorce y la Quince. Son un ramillete de locos por el escudo que se funden en la corriente común, a veces literalmente, como cuando ganan y se adentran en la grada para ser besados, toqueteados, zarandeados por las huestes blancas en un júbilo que se queda a un paso de la inseguridad física. No sería la primera vez que el amor hace daño, y más el amor inoculado en las masas.

Son varias las subtramas literarias que en el año de la Decimoquinta trajo consigo el nuevo éxito europeo del Madrid. El equipo blanco gana tanto que ya está casi todo dicho en lo colectivo, restando solo glosar el poema épico de sus subconjuntos: el portero suplente (Lunin) que se convierte en héroe para terminar dejando su sitio, en admirable silencio, al héroe titular (Courtois), que encima vuelve a ejercer como tal en la final; el icono (Kroos) que anuncia su abandono en cuanto acabe Wembley, brindando al duelo final un sello emotivo que *a priori* encaja mal con la tensión de las finales; el genio del balompié (Vinícius) acosado por la España fea y racista que da a los odiadores con su talento en las narices; la nueva estrella (Bellingham) que se enfrenta a la presión de jugar el partido decisivo en su casa y ante su exequipo; los veteranos (Modrić, Nacho, Carvajal, el propio Kroos) que empatan a Champions con el otrora inalcanzable Paco Gento, poseedor de seis...

Pero nada o casi nada como el toque de wéstern crepuscular del nómada del fútbol que inopinadamente, cuando ya nadie espera nada de él, vuelve al club de su infancia para abrir las puertas de la gloria con dos goles postreros frente al Bayern, que conducen a su equipo a la final. De todas las subtramas de la Decimoquinta, no hay ninguna tan irresistible como esta, y ninguna subhistoria que grite tan a los cuatro vientos que el Madrid es un cantar de gesta, una saga, una novela de fantasía, con castillos y dragones y caballeros andantes, en la que basta con soñar con el Santo Grial para emerger de las sombras y agarrarlo por las orejas, porque en el Madrid el Santo Grial las tiene.

El nombre completo de Joselu, el que aparece en su DNI, es José Luis Mato Sanmartín. Convendremos todos que, sin salir de José Luis Mato Sanmartín, se puede idear un nombre futbolístico más sugerente que Joselu. Las principales reticencias por parte de los más esnobs, que se evaporaron de un plumazo al atestiguar su aportación, tenían más que ver con ese vocativo tan de andar por casa que con la tosquedad del futbolista, a la que opone otras virtudes destacables.

El problema estaba en el nombre. Cualquier otra acotación, sin salirnos de los límites de José Luis Mato Sanmartín, habría sido más feliz. Optar por el segundo apellido, Sanmartín, habría estado bien, con sus resonancias de resistencia al colonialismo, que en este caso podrían remitir al colonialismo de los petroclubes. Y, sin rizar tanto el rizo, decantarse por el primer apellido, Mato, como nombre profesional, habría aparejado la contundencia que se le supone al *killer*, al ser precisamente esa la posición que Joselu desempeña en la cancha. «Yo por Joselu MA-TO» es juego de palabras que ha hecho fortuna entre los madridistas que, a su vez, son fans de cierta princesa catódica del pueblo. De un delantero centro estilo tanque, como es Joselu, lo que se espera precisamente es que mate (dentro del área se entiende) y la renuncia a incorporar esa alusión al nombre profesional, cuando la tenía tan a mano, se antoja tan estrafalaria como la de apocopar el nombre propio. Ya puestos, casi mejor José Luis y a correr (nunca mejor dicho).

Al final da igual, y esa es una de las muchas moralejas de la historia de Joselu, es decir, que el nombre es solo un nombre. La postura del misionero es un nombre terrible para una posición erótica tan respetable como otra cualquiera, «but a name´s a name and we are continuing», cantaba Sparks en la canción del mismo título. «Para mí era solo un nombre», dice Brian May al referirse a la insistencia de Freddie Mercury con la denominación Queen en los albores de la historia de la banda. Estaremos de acuerdo en que Queen suena más majestuoso que Joselu, pero si alguien ha visto alguna vez a Brian May lanzarse como un poseso en busca de un balón perdido, siendo el único en creer que a un infalible Neuer pudiera escapársele, para desviarlo astutamente con la puntera en dirección a la red, que lo declare ahora o calle para siempre.

Joselu suena a nombre de tu primo, pero esto, que parece un defecto, al final es su mayor virtud, porque Joselu es exactamente eso: tu primo (y no es tu cuñado, porque por cuñado ya tiene a Carvajal). De manera que la alquimia del asunto consiste precisamente en ver a tu primo meter al Bayern dos goles que te llevan a la final en Wembley. Eso no hay quien lo resista, y si aún quedan antimadridistas que no han sucumbido a la belleza inenarrable de este extremo, yo creo que lo suyo ya no tiene remedio.

José Luis Mato Santamaría, Joselu, nació el 27 de marzo de 1990 en Stuttgart, Alemania. Hijo de padres gallegos, retornó a la edad de cuatro primaveras a la tierra natal de sus ancestros, pero el destino le tenía reservado recuperar el alemán iniciado en la guardería jugando, al cabo de los años, en varios equipos germanos. También llegaría a jugar en varios equipos británicos. Sí: una de las formas de quitarte a mamporros cualquier última tentación de reírte de su nombre, solo aparentemente plebeyo, es que el tipo es políglota. Bueno, eso y que ha metido goles como soles en el campeón de Europa, incluidos los dos goles al Bayern a los que ya vamos a llegar.

Recaló en las divisiones inferiores del Real Madrid, procedente del Celta, y participó en el ascenso del Castilla a segunda división junto a jugadores como Nacho, Carvajal o Lucas Vázquez. Lo que nadie podría haber sospechado es que ganaría la Champions con ellos doce años después, tras la peripecia profesional más ajetreada y geográficamente aleatoria. Del Castilla llegó a debutar en el primer equipo (se estrenó como goleador nada menos que a pase de Cristiano Ronaldo), y de ahí pasó al TSG Hoffenheim alemán (2012-2014), Eintracht Frankfurt (2013-2014), Hannover (2014-2015), Stoke City (2015-2016), Deportivo de La Coruña (2016-2017), Newcastle (2017-2019), Alavés (2019-2022) y Espanyol (2022-2023). Cuando el club donde se formó, el Real Madrid, lo rescata del equipo perico, el club barcelonés acaba de descender a segunda por algún mérito propio, pero sobre todo como resultado de la represalia arbitral por haberse enfrentado al tinglado futbolístico nacional, controlado por el Barça.

Sea por el nombre, o por la causa que fuere, nadie dio su aprobación al hecho de que el Real Madrid se hiciera con la cesión de Joselu para la 23/24. También es cierto que nadie da nunca su aprobación a nada de lo que hace el Real Madrid. La operación se acogió con rechifla en el mejor de los casos. Un jugador tan mayor, tan de vuelta. Nadie se hizo eco, por ejemplo, de la respetable cantidad de goles que le anotó al propio Madrid mientras estaba en Alavés o Espanyol. Su relativa tosquedad técnica levantó augurios pesimistas, y los de siempre se frotaban las manos ante la previsible irrelevancia, cuando no el fracaso, del delantero. Las críticas hubieron de ceder ante el avance de los goles, con ratios de tanto por minuto jugado elevadísimos, y ante la evidencia de que la afición —conquistada por la honestidad del hombre y lo intrincado de su vuelta a casa— lo adoraba. El Bernabéu empezó a corear el nombre de Joselu, lujo reservado para un grupo de jugadores muy selecto con arreglo a criterios más bien enigmáticos. En este caso los criterios estaban claros, aunque las dimensiones del amor aún tendrían que verse multiplicadas por la explosión emotiva de la noche del Bayern.

Llegaban al Bernabéu empatados ambos contendientes, tras un primer partido en Múnich que pasaría a la historia por el pase milimétrico a Vinícius, por parte de Kroos, que serviría para sellar las tablas junto al penalti posterior igualmente transformado por Vini. A esa semifinal llegaba el Madrid, por supuesto, gracias a ciento veinte minutos y los correspondientes penaltis en el Etihad Stadium, donde se licenció para los restos en la asignatura del padecimiento sin pestañear. Pero de esa eliminatoria hablaremos más adelante.

Sus más desinhibidos odiadores suelen acusar al Madrid de ganar sin mérito, o de que sus goles no se ven venir, como si esto último fuese algo malo. Casi como un elogio lo expuso el propio Tuchel, entrenador del Bayern, pocos días antes del choque: «Nada en el juego indica que el Madrid va a marcar. Es más, ves el vídeo en diferido, le das hacia atrás y sigues sin prever que de lo que está pasando en el campo pueda seguirse un gol del Madrid. Pero el gol cae».

No niego parte de razón a Tuchel, porque sería como negar parte de la alquimia, y no contéis conmigo para negarla nunca. Pero jamás se podrá decir eso de los dos goles de Joselu, que se cocieron durante un partido ejemplarmente jugado por el Madrid, sobre todo desde que Davies adelantó al equipo bávaro en el marcador. El equipo de la capital de España se volcó y, con un Vinícius que abrió ante la concurrencia el mejor catálogo de sus virtudes, dio clarísimas señales de que iba a perforar la portería contraria. Otra cosa es que tardara en hacerlo. Pero señales dio. A veces nos enzarzamos en debates esotéricos sobre por qué gana el Madrid, y se nos olvida que en un número no desdeñable de ocasiones gana por la sencilla razón de que juega muy bien, y que tal cosa sucede porque cuenta con muy buenos jugadores.

El Madrid jugó muy bien, y de hecho logró empatar con un gol de Nacho, que fue anulado, antes de que a Neuer se la escapara el balón del que hablamos antes, justamente cuando el portero alemán se había constituido en el héroe del partido y más improbable era que fallara.

Y por eso, por no haber incluido en su ecuación mental la infalibilidad de Neuer, es tan quintaesencialmente Real Madrid el primer gol de Joselu. Ser del Madrid consiste entre otras cosas en no tomar nota ni de lo mal que si es el caso lo estás haciendo tú, ni de lo bien que lo están haciendo tus rivales. Ninguno de tus rivales. Apuntar tales cosas solo puede paralizarte. Joselu le quitó ese balón de las manos a Neuer porque, aunque el alemán había demostrado que era infalible, Joselu no dio acuse de recibo de esa realidad, y en esa bendita ignorancia se lanzó a por esa pelota como si fuera humanamente posible que a Neuer le rebotara en el pecho y le huyera unos centímetros, los suficientes. Como un pez que cuerpea agónico fuera del agua y burla las manos del pescador, así se comportó el balón. La fe con que lo atacó Joselu quizá no sea un compendio de otra cosa que puro y desaforado madridismo.

Sería falso aseverar que el Bernabéu respondió a este gol, que restablecía las tablas, con un estruendo inusitado, porque esos estruendos ya se habían visto con anterioridad. Dos años antes, por ejemplo, en las remontadas ante PSG, Chelsea y City. Pero esta vez era un estruendo que traía consigo la marca indeleble del héroe improbable, esa figura recurrente en la historia blanca.

Era el minuto ochenta y ocho. El Madrid pudo haber optado por aguantar hasta el final, orgulloso de haber forzado la prórroga, sin más ambición que consagrar durante el tiempo de prolongación su superioridad: el Bayern había perdido a Musiala por lesión y a Kane por decisión técnica. La prórroga habría sido un suplicio para ellos, con todos los augurios favorables a los de Carlo. Pero el Madrid había olido la sangre y no estaba dispuesto a consentir siquiera que se llegara a la prórroga. Lucas Vázquez, el termostato anímico, jaleó a sus compañeros agitando los brazos. Antes de la prórroga restaba un tiempo de descuento. Los tiempos de descuento, para el Madrid, son más largos que las prórrogas. Había que ir a por el segundo.

Y el segundo llegó. Todo lo que sucede en la jugada es imprevisto, agónico, mágico. Estrafalario en el buen sentido, que sé que tiene porque se puede aplicar a esto. Hay un córner. El balón queda extraviado entre piernas atenazadas por el paroxismo. Nacho lo recoge en la frontal y lo maneja como lo haría Modrić, encontrando como haría el croata la única apertura posible hacia la izquierda donde aparece Rüdiger, que tampoco hace de Rüdiger en esta jugada. Es como un baile de máscaras. Lo propio de un mediapunta lo ejecuta un central, dejando que sea otro central el que ejerza de extremo izquierdo. El remate, propio de un delantero centro, tampoco lo lleva a cabo un delantero centro, sino una leyenda improbable. No es un disparo. Es poner el pie como hay que ponerlo para que vaya dentro. Es el lenguaje de alguien a quien no por no saber escribir la fórmula en la pizarra se le puede negar la condición de genio de la física. Es gol, pero no es gol. El auxiliar levanta la bandera.

Es gol pero no es gol pero sí es gol. El VAR interviene. Es el tanto más veces cantado de la historia, porque fue rebotando de garganta en garganta a medida que el vídeo desautorizaba al juez de línea. Se da la paradoja de que los madridistas desperdigados por el mundo supieron que iba a ser gol antes que los que estaban en el estadio, dado que veían la repetición de la jugada en las pantallas de sus televisores, y entendían que el VAR solo podía fallar a favor del

Madrid. Los que estaban en el estadio, en cambio, eran presa del mero rumor frenético mientras Brahim les hacía señas para que no dejaran de animar, como si verdaderamente su presión pudiera influir en un colegiado sentado en una silla sabe Dios dónde, en otro lugar.

El VAR decreta que es gol, y desde ese momento exacto en la línea del tiempo no queda un solo madridista que pueda quejarse por la tontería esa de que «el VAR no te deja ni celebrar los goles en directo, ahora hay que esperar». ¿Qué preferís? ¿Esa ligera sensación de incertidumbre en la celebración o que triunfe la injusticia? Si no es por la justa actuación del VAR, el Madrid no llega a Wembley. Desde ese día, no puede haber en el mundo un solo madridista contrario a esta herramienta tecnológica, como no puede haber un solo madridista que se sienta legitimado para un uso peyorativo de la palabra «cuñado».

Por supuesto, Joselu no es el único héroe improbable de la historia blanca. Hay unos cuantos. Su existencia demuestra la prevalencia del escudo por encima de calidades y carismas personales. Cualquiera puede ser el señalado por el destino, por la sencilla razón de que todos, hasta los más grandes, son cualquiera en relación con la enormidad de la institución. El Madrid es la única entidad del mundo capaz de igualar, de cara a la posteridad, un instante de Cristiano Ronaldo con un instante de Joselu.

Los héroes improbables pueden serlo prospectiva o retrospectivamente. Algunos nos sorprendieron en directo, mientras otros han devenido sorpresa en el futuro, es decir, es ahora (y no tanto entonces) cuando nos llama la atención que fueran protagonistas. Anelka, por ejemplo, vino para ser protagonista, pero hoy nos resulta chocante, improbable, que marcara esos dos goles al propio Bayern, en la ida y en la vuelta de la Octava. El gol de Geremi en el Olímpico (¿qué pasa con los improbables y el Bayern?) ya nos sorprendió sin embargo en la fecha de autos, pues poco se espera, con todos los respetos, de un camerunés que aterriza en Concha Espina merced a la extraña fijación de John Benjamin Toshack por la liga turca. El fichaje de Karembeau propició una lucha encarnizada entre Madrid y Barça, pero enseguida se vio que no era para tanto..., pero es que al final sí lo era, vía improbabilidad: dos punterazos al Dortmund fueron cruciales en la trayectoria a la Séptima. Y luego está el partido de los improbables por excelencia, un partido sobre el cual volveremos en este libro: la liga se decidía en la última jornada, ante el Mallorca, y los autores de los goles, remontando el inicial de los isleños, fueron Reyes, que estaba cedido por el Arsenal a consecuencia de la pesadumbre que le causaba la lluvia londinense, y Mahamadou Diarra, un aguerrido maliense cuyo nombre ha quedado impreso en el inconsciente colectivo madridista como sinónimo de torpeza balompédica. (No confundir con su homónimo de apellido Lass Diarra. No confundir, pero no porque Lass Diarra no haya quedado también impreso en el inconsciente colectivo madridista como sinónimo de torpeza balompédica, sino porque Lass no fue en cambio jamás héroe accidental de nada, destacando mayormente por su asombroso parecido con el mayordomo de la serie televisiva *El príncipe de Bel Air*).

Sí, hay unos cuantos héroes improbables pero, parafraseando el anuncio, están en Joselu. Joselu es tan improbable como el resto, pero la suya es una improbabilidad tan fieramente madridista que supera a todos los mencionados en el *ranking* de nuestros afectos. Ningún otro héroe improbable ha sido tan inapelablemente uno de los nuestros.

3

92.48

Era el minuto 92.48 en todos los relojes.

Ya sé que para los madridistas no tanto, pero para los atléticos la cosa tiene resonancias lorquianas. Me sorprende, de hecho, que el cholismo, con posterioridad, haya adoptado como propio el lema «Nunca dejes de creer», cuando fue dicho lema, impreso a fuego en el corazón del rival, el que les causó un trauma irrevocable. Puede ser que la vuelta al lugar del crimen (o al lema del crimen, o al minuto de su ejecución) opere en el paciente una atracción perversa, como los que sufren de vértigo cuando se aproximan morbosamente al vacío, tal como James Stewart cuando subía la escalera del caracol del campanario. «Nunca dejes de creer». A base de hacer eso mismo os mandamos de camino al psiquiatra, queridos vecinos, pero allá vosotros si pensáis que el lema también os vale. Los madridistas somos tan asquerosamente utilitaristas que entendemos que la belleza del lema «Nunca dejes de creer» está sujeta a que al final, por aplicación de este, ganes de vez en cuando.

92.48. Es la sucesión de guarismos más célebre en el inconsciente colectivo madridista. Si dices «92.48» a un presunto madridista y te mira con cara de no entender, puedes impugnar su carné de simpatizante. Si el lector supuestamente madridista de este libro no sabe aún a qué momento histórico nos estamos refiriendo, solo con citar ese minuto y sus segundos, le recomendamos la adquisición e incluso la lectura del libro *ADN Barça*, editado por este mismo sello. El título es parecido, y no percibirá excesiva diferencia en su contenido.

Imaginemos que el tiempo no se reiniciara a las doce de cada noche, o sea, que prosiguiera el recuento. Las 92.48 serían una hora de dentro de casi cuatro días, y resulta que el protagonista de la jugada luce en su espalda el número cuatro. Esto lo acabo de descubrir, pero si el tanto de Ramos en Lisboa no me da derecho a registrar mis propias e imprecisas cábalas, ya me diréis. Es el momento legendario por antonomasia, aupado a la crisma de ese gigante que es la historia blanca, codo con codo con el gol de Mijatović en Ámsterdam (ya llegaremos a él).

Existe una encendida polémica de preferencias entre uno y otro gol. En mi opinión, el del montenegrino ante la Juventus, que trajo consigo la Séptima, clausuró una urgencia mucho más acuciante, pero las circunstancias que rodean al de Sergio Ramos en el Estádio da Luz lisboeta, el 24 de mayo de 2014 a las 21.37 hora local, son más cinematográficas. Alguien, animado por la referencia cinematográfica anterior, afinaría subrayando que más hithcockianas. Yo discreparía. Hitchcock definía el suspense como la escena de una merienda gentil, bajo cuya mesa camilla se escondiera una bomba a punto de explotar. El espectador sabe que va a estallar; es más, sabe exactamente cuándo, y llega a sus oídos el tictac amenazante del temporizador, pero los protagonistas de la película no tienen la menor idea del atentado que está a punto de segar sus vidas.

Si nos atenemos a este ejemplo, en puridad hitchcockiana no hay manera de decir que el partido de Lisboa, con su gol en el 92.48, con su prórroga subsiguiente, tenga nada que ver con el suspense. Se habla de este partido como el paradigma del suspense, pero no encaja con los parámetros del viejo Hitch ni con calzador.

Para empezar, los protagonistas hacen cualquier cosa menos tomar el té. Bastante tienen con extenuarse en una batalla titánica como para ponerse una servilleta en el regazo, untar *scones* de mantequilla y hablar del tiempo. No puede negarse la existencia de la bomba debajo de la mesa (la bomba es Ramos, cuyo tictac cerebral solo anticipa al detalle su encuentro con el destino), pero los espectadores no tienen la menor idea de que va a estallar. Pueden suponer algo, porque conocen el carácter del de Camas, más grande que la vida, y su enorme capacidad para el remate de cabeza, pero saber, lo que se dice saber, ahí nadie tiene ni la más remota idea de lo que va a pasar, ni el público en sus casas, delante de la tele, ni el público en el estadio, con el corazón tres anfiteatros más abajo, ni mucho menos los protagonistas del espectáculo.

Llamadlo sinvivir. Llamadlo test de resistencia en la cordura. Pero no lo llaméis suspense.

Los espectadores, cuando Modrić se acerca a la esquina a lanzar ese córner, no saben qué acontecerá. Solo son conscientes de lo que ha pasado antes, y cuando decimos antes nos referimos tanto a los minutos previos como a los días que preceden a la final y desembocan en ella. El Madrid llega allí después de jugar quizá el más grande de todos sus partidos en Copa de Europa lejos del Santiago Bernabéu. Fue en Múnich (otra vez Múnich), la noche en que iban a arder los bosques según Karl-Heinz Rummenigge. Mi recuerdo de esa gesta, previa a la de Lisboa, está teñido de irrealidad. Mi pavor al Bayern era de tal calibre que, diez años después, aún no he asimilado que los goleamos. Quizá sea la única vez en mi vida en que llegué deliberadamente tarde al partido, y fue por puro pánico. Lo confieso, y para hacer más llevadera mi culpa arrastraré en ella a mi hermano, que también estaba inmóvil ante la televisión, a mi lado, sin atrevernos ninguno de los dos a encender el aparato pese a saber que el choque ya había comenzado. Agarrotados, ateridos de miedo, nos mirábamos como corderillos desvalidos, buscando en los ojos del otro una razón para poner el partido, un resto de coraje que insuflarnos mutuamente. Hay varias generaciones de madridistas traumatizados con la competitividad germana de los setenta y ochenta. La televisión ni siquiera nos hacía llegar otro contenido alternativo, sino que, por si acaso, estaba convenientemente apagada, fundida en un negro de consternación anticipada (e innecesaria, como se vería después).

—¿Lo ponemos?

—Yo no tengo huevos.

—Yo tampoco.

A lo que seguía otro ratito de silencio.

—Venga, lo ponemos.

—Qué prisa tienes.

—Lleva dos minutos empezado.

—El partido no nos necesita.

—También es verdad.

Si he emponzoñado a mi hermano incluyéndolo (no sin verdad) en la felonía, tendré que consignar por justicia que fue él quien finalmente hizo acopio del valor suficiente, o tal vez fue solo que llegaron el resto de los invitados y ya no había otra, pues había que amortizar los kikos. Quizá fue en esa sesión, la primera de muchas Champions ganadas en casa de mi hermano (siempre o casi siempre que no tuve la oportunidad de presenciarlas *in situ*), cuando se estableció la superstición de recargar mi móvil en un enchufe del cual no habría de moverse en los años venideros, incluso aunque no le hiciera falta recarga; en la Décima, la Undécima y otras grandes ocasiones se demostró su efecto talismán. Otros tienen calcetines de la suerte. Yo tengo enchufe.

Lo dije: sentía tanto terror ante las huestes entonces entrenadas por Guardiola que mi subconsciente sigue resistiéndose a aceptar que ganamos 0-4, y sin embargo tengo que asumir que hay mucho de cierto en ello. Es como cuando, en tu pesadilla, tienes aún suspendidas las matemáticas de segundo de BUP. Después despiertas y recuerdas que acabaste una carrera universitaria, lo que es señal de que esas matemáticas las aprobaste hace tiempo. Al 0-4 de Múnich le pasa lo mismo: llegamos a la final y la ganamos, fuimos campeones de Europa, señal inequívoca de la que la semifinal también la ganamos, y si las crónicas dicen que fue por 0-4, ¿quiénes somos nosotros para inventarnos un triunfo con otros guarismos?

Más allá de esta prueba, de verdad que todavía no me lo creo mucho. Si ha pasado una década y aún no doy crédito, yo creo que la cosa ya no tiene remedio y nunca aceptaré que el 0-4 sucedió. Además de la prueba por reducción al absurdo antes expuesta, la gente me aporta vídeos. «Está todo en YouTube», insisten. En mi caso, entro en YouTube, y sí, qué queréis que os diga: veo dos testarazos madrugadores de Ramos que anticipan el de la final, uno de ellos tras toque previo del infravaloradísimo Pepe. A continuación, veo a la llamada BBC desatar la tormenta perfecta en forma de contragolpe matemático, con Cristiano cerrando la cuenta en una falta ya en el segundo tiempo. Todo eso lo veo en el vídeo y, de hecho, lo vi en directo, pero es como si estuviera barnizado por una pátina onírica. Hasta tal punto los madridistas *boomers* estamos marcados por traumas teutones (o bávaros) ochenteros que el punto de inflexión definitivo, el partido que canceló el trauma, se nos presenta aún con un aura de irrealidad. Al fin y al cabo, si uno lo piensa, también parece imposible que aprobáramos las matemáticas de segundo de BUP.

Me he referido a la BBC, siglas tras las cuales se ocultan (es un decir) Benzema, Bale y Cristiano. Las siglas fueron un invento de Coto Matamoros, aunque no sé si el *copyright* de la posteridad le acompaña. El proverbial complejo que los culés sufren respecto al Madrid les movió al poco tiempo a acuñar las siglas MSN para referirse a su equivalente blaugrana, o sea, el tridente ofensivo barcelonista: Messi, Suárez, Neymar. Aquí hay un pequeño problema, porque todo el mundo sabe qué es la BBC original, la British Broadcasting Corporation, el servicio público de radio y televisión del Reino Unido. Tiene gracia llamar a Benzema + Bale + Cristiano la BBC porque las siglas remiten a dicha entidad mundialmente conocida.

Sin embargo, nadie tiene ni la menor idea de qué es la MSN, por la sencilla razón de que la MSN no es absolutamente nada. El culerío pensó que, si el Madrid tenía una delantera con unas siglas, ellos debían tener otra delantera con otras siglas, pero no repararon en la necesidad de que la cosa había de tener algún tipo de correspondencia con algún acrónimo o similar, algo ya existente y reconocible. De lo contrario, el gol que creían estar marcando sería inmediatamente anulado por el VAR que compulsa en este mundo lo ingenioso y lo procedente. Y vaya si fue anulado. «¿Qué es mejor, la BBC o la MSN?», empezaron a preguntar a sus lectores los medios, haciendo gala de una paletez sobrecogedora. La respuesta era clara: la BBC, porque MSN no es nada de nada.

Después se vería que, ciñéndose a lo estrictamente futbolístico, la BBC también sería netamente superior a la ridículamente llamada MSN. Mientras los componentes de la BBC acumularon Champions League tras Champions League, los de la MSN solo lograron ganar una, a cuyo concurso llegaron merced a haber ganado la liga anterior bajo los efectos del sistema Negreira, vicepresidente de la organización arbitral española sobornado durante diecisiete años (que se sepa) por el Barça a fin de garantizarse arbitrajes favorables (¿a qué otro fin, si no?). Los éxitos culés de la época, que pronto quedarían brutalmente aplastados por la sucesión de triunfos europeos de los blancos, no se debían tanto a la (ejem) MSN como a la mismísima NASA (Negreira-Arminio-Soler-Angelmari), cuarteto de afamada eficacia en la tarea de creación de un caldo de cultivo arbitral extremadamente amigable para los del Camp Nou, siendo Soler (Albert), siniestro personaje bisagra entre la directiva del Barça y el Gobierno de España, el encargado de asfixiar cualquier posibilidad de que el contubernio putrefacto sufriera alguna vez los rigores de la justicia. Nunca lo hará. Abandonad toda esperanza.

La BBC depararía glorias incontables al Real Madrid, si bien, por culpa de las lesiones (especialmente las de Bale), jugaron juntos menos veces de las que dicta la celebridad de las siglas. Llama la atención constatar ahora que, de todos ellos, quizá el que vaya a ser recordado con más afecto por parte de la generalidad del madridismo sea Benzema, cosa que nadie habría augurado cuando el Bernabéu le abucheaba, de recién llegado y en años sucesivos, a causa de un lenguaje corporal que denotaba una desidia en ocasiones solo aparente. No era un jugador tribunero, y, al principio, la tribuna se lo hizo pagar. El Madrid tuvo paciencia con él, y nunca la paciencia ha estado mejor retribuida (quizá también con la exhibida a través de los erráticos primeros años de Marcelo, otra leyenda). Nunca dejó de ser un jugador exquisito y especial, pero su verdadera eclosión se produjo tras la marcha de Cristiano, cuya homérica sombra sofocaba el brillo del diamante más refulgente. Ese fue el momento de Karim, que a partir de 2018 añadió a la conocida excelencia técnica el pundonor y la determinación de los auténticos elegidos. Se convirtió en el gran protagonista de la temporada 21/22, con registros inalcanzables y goles providenciales en las remontadas históricas ante PSG, Chelsea y Manchester City. Como todo esto sucedió hacia el final, y los últimos coletazos revisten una importancia que la memoria niega a los comienzos, ha pasado a la historia, probablemente, como el favorito de los tres.

Bale sufrió el azote de las lesiones, así como el de una prensa que jamás le perdonó su renuencia a dorarles la píldora con zalamerías y entrevistas. «No habla español», lo acusaban. Sí lo habla, pero no quiere hablarlo contigo, como tampoco querría contigo hablar en inglés si tú lo hablaras, que no es el caso. Él mismo se describió como un tipo que llega, hace su trabajo y se va a casa. Para los que tienen que rellenar diariamente programas futboleros de tres horas, o escribir páginas y páginas de contenidos extraídos a tirones de la realidad, eso era imperdonable. Para los que detestan el mundo moderno, con la monserga extenuante y cursi de las redes sociales donde todo el mundo es simpático, Bale constituía una rareza agradecible, un soplo sudapollista de aire fresco, máxime cuando el trabajo que hacía entre llegar y marcharse a casa consistía en ser decisivo en tres Champions Leagues (incluida la chilena de Kiev, cuando Zidane ya le había puesto la cruz), marcar goles paranormales con naturalidad de andar por casa y ganar

Copas del Rey con *sprints* tan *vintage* como su comportamiento casi huraño. Tanto le dijeron que no le importaba el Madrid que acabó por no importarle demasiado, en curiosa profecía autocumplida, y se hizo la famosa foto con la bandera de Gales («Wales. Golf. Madrid. In that order»), por la cual todavía le detestan algunos en Chamberí y le idolatran todos en el valle de Glamorgan. Algún día, si no lo es ya, será una figura de culto masivo, si cabe la paradoja, porque no hay forma de esquivar la certeza de su condición de leyenda, por mucho que esto aún duela por aquí y por allá.

Y Cristiano... Ay, Cristiano. 453 goles marcados en 438 partidos oficiales. El delantero más extraordinario que han visto los ojos que no vieron a Di Stéfano. Cuatro Champions y un sinfín de otros torneos menores (todo es menor al lado de la Champions, incluidas las ligas mediatizadas por el Barça y su corrupta NASA). Cristiano definió gran parte de una de las dos grandes épocas históricas del Real Madrid, y sin embargo existe la extraña sensación de que le pertenece más al fútbol que al equipo blanco. Es lo que sucede cuando reúnes tanto el mérito de codearte en grandeza con la mejor institución deportiva de la historia como la voluntad de hacerlo. Algunos niños que llevaron la blanca serigrafiada con el nombre de Cristiano no pasaron, cuando se fue a la Juve, a lucir la blanca serigrafiada con el nombre de Benzema, sino la blanquinegra con el de su ídolo. Se cambiaron de equipo siguiendo a Cristiano, y este hecho resulta inquietante para los madridistas que peinamos canas. Cristiano en el Madrid fue una multinacional dentro de otra, y cuando el club se abrió para dejar salir a su subconjunto se escapó de todas las bocas un suspiro de desolación. A la multinacional blanca le fue bien sin su filial interna, hasta el punto de que siguió ganando la Champions sin desmayo, encajando además varias ligas con Zidane y Ancelotti. A Cristiano tampoco le fue mal del todo, siguió mostrando su poder goleador omnímodo y asombrando a las masas en Juve, United e incluso Al Nassr (los niños llegaron a comprar camisetas de una desconocida escuadra arábiga porque el portugués la lucía). Cristiano y el Madrid eran demasiado parecidos como para llegar juntos a la orilla. Son demasiado la misma cosa como para que el madridismo le ame con toda el alma, valga la paradoja. Cuando un particular se alza hasta rozar casi la estatura del mito colectivo, se le mira con cierto recelo. La incógnita es saber qué sucederá cuando se retire, lo cual por supuesto no acontecerá jamás. Quizá entonces, cuando no luzca ninguna camiseta en absoluto, se entenderá que su torso desnudo y apolíneo, desprovisto de escudo alguno sobre el pecho, no es más que una versión *unplugged* de la propia camiseta del Madrid.

Se disculpará la digresión. La final de Lisboa, protagonizada por la BBC y otros grandiosos jerarcas, también la vimos en casa de mi hermano. Albergábamos mucho menos miedo que en la semifinal bávara, y la televisión estuvo encendida desde largo rato antes de que el colegiado holandés Borjn Kuipers diera comienzo al combate. Tenía batería de sobra, pero todos me obligaron a enchufar el móvil a la corriente eléctrica en el mismo punto de la pared. Con las supersticiones no se juega, y como suele decirse da muy mala suerte no creer en ellas.

Uno de los contendientes era el Atleti y el partido fue trabado, valga la redundancia. Bale tuvo una ocasión, magníficamente autofabricada, al filo de la media hora (antes no ocurrió básicamente nada), pero quienes se adelantaron fueron después los del Cholo en una pifia de Casillas. Resulta desternillante que los atléticos adujeran después, y durante años, que el Madrid tuvo suerte en la final. Suerte la de ellos tras un gol de chamba estupefaciente y un segundo tiempo de acoso infatigable del Madrid. La suerte (colchonera) es que el gol del Real no llegara hasta el minuto 92.48. Registramos una falta de Cristiano despejada por Courtois, un remate de cabeza fuera por poco del de Madeira, otra vez Bale en incursión pirata y un embotellamiento generalizado que desemboca (pero esto no lo sabe nadie aún) en la madre de todos los minutos.

Treinta segundos antes de dicho minuto de todos los minutos, yo estoy mascullando lo siguiente: «Hay una cosa buena: nunca jamás vamos a pasar por algo peor que esto». ¿Tan malo habría sido? ¿Tan inaceptable? Nosotros ya teníamos nueve, y el Atleti, ninguna. Una cuestión de ecuanimidad movería a aceptar que los vecinos deben ganar alguna vez, lo que tendría que atenuar la magnitud de la hipotética tragedia.

Nada de eso. La proverbial pesadez del indio medio habría creado, en la capital, una percepción sociológica bien distinta de un 9-1. El madridista medio, especialmente el madridista madrileño, es de naturaleza melindrosa, y se habría dejado acogotar por una guerra psicológica sin cuartel a lo largo de un pospartido cruel que habría durado una eternidad, instaurando la sensación (falsa pero inapelable) de un empate a Champions entre los dos clubes, o algo así. Se habría venido arriba el colchonero medio hasta niveles rigurosamente inaceptables, reduciendo a cenizas la historia blanca en las charlas de café. Las nueve Champions habrían seguido en las estanterías, pero habrían desaparecido de la memoria del costumbrismo de la villa y corte, así como de la mente del pusilánime madridista madrileño medio. Y otra cosa está clara: no habrían tenido lugar tampoco ninguna de las futuras conquistas europeas. Si el Atleti hubiera ganado en Lisboa, habría aniquilado tanto el inigualable pasado como el glorioso porvenir futuro de su aborrecido enemigo de Chamartín. Florentino Pérez habría dimitido, y esto sí que no es una licencia literaria. Como dicen los cursis: información, no opinión.

Quien mejor explicó lo que habría sido, no del Real Madrid, sino de este mundo, si esa final la llega a ganar el Atleti, fue Mario de las Heras, en escalofriante distopía en *La Galerna*. Fabulosamente, el texto se titula «Farenheit 92:48». A continuación, algunos de sus pasajes más pavorosos:

Un edificio gris. Es el antiguo gran estadio Santiago Bernabéu. Mastodónticos soportes de acero apuntalan la torre del paseo de la Castellana con la avenida de Concha Espina, amenazada por el derrumbe. El barrio de Chamartín, el capricho adquirido hace veinticinco años, en 2033, por Enrique Cerezo, presidente del Atlético de Madrid (el equipo más grande de la historia del fútbol, ganador de treinta y una Copas de Europa), es hoy un lugar abandonado donde ya no vive nadie por expreso deseo de su propietario.

La adquisición de Chamartín se produjo tras la «Dieciochoava» (así, con ese curioso sufijo, llaman a sus copas los atléticos), cuando el poder de Cerezo ya era enorme. El Ayuntamiento de Madrid, gobernado por Diego Pablo Cerezo, hijo de don Enrique, expropió los edificios previo pacto con Cerezo, el padre, que los compró poco después con los mil millones recibidos por la venta al F. C Barcelona de su estrella Vinícius Jr. Los vecinos de Chamartín fueron realojados en los alrededores del Simeone Stadium, levantado sobre el antiguo estadio de La Peineta.

Hoy esta zona es la de mayor poder adquisitivo del mundo, lugar donde también se encuentra [...] el Simeone Trade Center, centro neurálgico de la *city* madrileña, también conocida como Simeone City.

[...] Para el perdedor de aquel día, todo transcurrió luego en sentido contrario al del vencedor. Tras algunos años todavía en la élite, la decadencia definitiva del Real Madrid se precipitó en 2018 cuando su principal estrella, Cristiano Ronaldo, se marchó al Atlético a cambio de Nikola Kalinić. En los años siguientes le siguieron jugadores como Gareth Bale, Vinícius Jr. y Marco Asensio, que se convirtieron en grandes figuras rojiblancas. Toni Kroos, Luka Modrić y Marcelo Vieira ficharon por el Barcelona, y el resto, poco a poco, se fueron yendo sin pena ni gloria. El presidente Florentino Pérez y su mano derecha, JAS, desaparecieron un día de repente y nunca más se supo de ellos. Fue Ramón Calderón quien tomó las riendas del club, conduciéndolo a una meteórica extinción.

Pero en realidad todo sucedió aquel día. Aquel 24 de mayo de 2014.

[...] Cuentan que Enrique Cerezo, el presidente Sol, una vez fue a Chamartín, ya conquistado, y paseó por sus calles, y nunca más volvió allí donde el estadio Bernabéu comenzaba a deteriorarse en su abandono. La gran mole de cemento de la que se dice que en algunas noches se pueden oír gritos que vienen de su interior. Hay una leyenda que dice que es el espíritu de Florentino, que quedó atrapado allí para siempre, y que cuando un atlético oye esos lamentos sufre visiones que le muestran que todo es mentira, que el 24 de mayo de 2014 Sergio Ramos marcó gol tras el saque de esquina de Luka Modrić en el minuto noventa y dos y cuarenta y ocho segundos, y empató el partido, que después ganaron los blancos por aplastamiento; y que el Atlético de Madrid, hasta hoy, nunca ha ganado una Copa de Europa. Dicen que esas noches los atléticos se revuelven en sus lechos y sufren pesadillas, hasta que despiertan y todo vuelve a ser perfectamente cierto.

Escalofriante, ¿verdad? Lo es, y por este motivo donde realmente reside el suspense hitchcockiano no es en el 24 de mayo de 2014 a las 21.37, sino en cualquier otro momento en el que veas el partido en diferido. En directo, solo hay acontecimientos desatados, zarandeados por una marea poderosísima de aleatoriedad y destino enfrentados. Repasando el vídeo en YouTube, o en cualquier redifusión de las que todavía hace Real Madrid TV, ahí, en ese momento solo aparentemente tranquilo, es cuando entra en acción Hitch. Porque en esta situación, en diferido, el espectador sí sabe, por fin, lo que puede suceder, lo que inseparablemente conlleva el temor de que esta vez no suceda. En diferido sí que hay un espectador que contempla la escena de los dos protagonistas tomando el té servido sobre una mesa camilla bajo la que se oculta una bomba cuya existencia solo el espectador conoce. Lo que sucede es que ahora, revisitado por enésima vez el partido en YouTube, la bomba no consiste en que Sergio Ramos marque de cabeza, sino en que esta vez no lo haga, que no llegue al remate, o que la estirada de Courtois le permita despejar el balón a córner, o que el balón se estrelle en el poste derecho.

Todo madridista sabe (y eso constituye una falla cerebral, posiblemente originada en la misma zona de la corteza donde habitan los *déjà vu*) que el hecho de que el 24 de mayo de 2014 a las 21.37, hora de Lisboa, el remate de Ramos alojara el balón en la red no quiere decir que vuelva a hacerlo cada vez que miras la jugada en el ordenador o en la tele. Cualquier día de esos lo falla. Lo sabes y te aterra. Opera en tu subconsciente un tipo de terror psicológico similar al de la escena de la fiesta en *Carretera perdida*, de David Lynch, esa escena onírica en la que el protagonista conoce en un cóctel a un tipo sumamente inquietante que le asegura que ahora mismo está en su casa, en la del protagonista.

—¿Cómo puede ser?

—Tenga mi móvil. Llame a su casa y compruébelo.

El protagonista marca su propio número fijo y la voz del extraño que tiene delante suena al otro lado.

—Se lo dije.

La posibilidad de que, un día de estos, Ramos falle ese

remate está ahí. No queremos pensar en ello, de igual modo que rehusamos pensar en la muerte, pero estar, lo que se dice estar, está ahí. Pone mucho más nervioso ver el partido en diferido de lo que nadie lo estuvo viéndolo en directo, acaso porque esos nervios del 24 de mayo de 2014 a las 21.37 no llevaban anexos, todavía, nuestros escalofríos más atávicos. Solo *a posteriori* puede uno ser consciente del oscurísimo planeta que se nos habría quedado de no haber entrado el cabezazo de Ramos en la meta de Courtois.

Courtois, por cierto, ¿qué hace ahí? Hemos llegado a un punto en esta narración en que no podemos soslayar por más tiempo la pregunta. Constituye una distorsión en esta película, un error de rácord tal vez. La mente de algunos hinchas atléticos es tan procelosa que en redes sociales se ha sugerido que el gol de Lisboa se lo dejó, anhelante como estaba de cumplir algún día su sueño de vestir de blanco. Además de estar enfermo de odio, hay que no haber visto el partido para soltar algo así. El gigante belga sostuvo al Atleti de forma inverosímil hasta que la fruta madura cayó del árbol. Para saber que estaba aún en el lado malo de la historia, como sin duda sabía, se empleó de manera sumamente irritante para el lado bueno, porque pareció infranqueable. Quizá no era ajeno a una tendencia histórica en el Madrid: la de convertir en héroes a los villanos (Schuster, Figo, Hugo Sánchez, Valdano incluso tras los dos Tenerifes, Petrović en baloncesto). Desde esa perspectiva, se entendería bien por qué en Lisboa trató Courtois de engrandecer su magnitud de villano entre los palos: para devenir, a escala, héroe mucho mayor después.

Cuentan que años más tarde, cuando coincidieron en el Madrid, no pasaba un día de entrenamiento sin que Ramos le recordara a Thibaut el gol del Estádio da Luz, con toda la sorna y el regocijo. Imagino que el guardameta sonreiría con alivio pero también con un escalofrío pretérito, como las almas ya salvadas cuando rememoran su tiempo en el purgatorio. Fue ominoso pero rentable, por cuanto nunca habría llegado aquí sin pasar por el suplicio de redención que prescriben las santas escrituras. Antes de ganar la Champions con el Madrid, estaba en el camino de Thibaut el perderla contra los vikingos. También Rüdiger sufrió con el Chelsea los rigores que el Bernabéu reserva a los rivales de postín, y no por ello deja hoy de ser un nuevo icono del madridismo. Es más: quizá el haberlo hecho contribuye a ello. El Madrid es una gran saga que favorece estos saltos de un barco a otro en medio de la batalla. Los enemigos más fieros y honorables llegan a inquietar asaltando la cubierta propia; una vez reducidos y debidamente interrogados, merecen el privilegio de no volver a abandonarla. El privilegio de quedarse en el lado bueno de la historia.

Con lo de «el lado bueno de la historia», por supuesto, hemos dado un salto hacia delante de ocho años. En 2002, Thibaut Courtois disputará (y ganará) una final de Champions, pero esta vez no contra el Madrid, sino con el Madrid. Ante micrófonos sedientos de polémica pronunciará las célebres palabras: «Ahora estoy en el lado bueno de la historia». Los blancos volvieron de París con la Orejona —pronto hablaremos de ella— y, como es tradición, acudieron a presentarla a la Comunidad y la Alcaldía de la capital.

En su discurso de enhorabuena al club de Chamartín, el alcalde José Luis Martínez Almeida se permitió abroncar al portero por esas palabras, y ello en medio de la recepción, cuando este no albergaba más opción de defenderse que una escandalosa transgresión del protocolo. La política local indica que Courtois fue dialécticamente humillado. La lógica universal, en cambio, le da la razón: el lado bueno de la balanza es aquel que más pesa de cosas buenas, y no hay discusión entre un plato vacío y otro con insuficiente superficie para tantos trofeos.

Nos perdemos de nuevo en subtramas y extrapolaciones, abandonando la senda de lo que queremos contar. A lo mejor estoy dando vueltas porque le tengo miedo al momento. Miedo a que esta vez, al narrarlo, el balón se vaya fuera. A ver si esa incertidumbre iba a ser exclusiva de lo audiovisual...

Sí, eso es lo que me ocurre. Mareo y mareo la perdiz por la inseguridad del desenlace. Al gol de Ramos en Lisboa hay que acercarse como a una pompa de jabón, no vayamos a joderla. Curiosamente, es un miedo que no acompaña al resto de goles blancos de la noche. Una vez que, en diferido, los miedos se diluyen con el balón de Ramos convertido en gol, ya no hay zozobra respecto a los goles que han de llegar. Esos ya se sabe que vendrán. Se sabía en directo y se sigue sabiendo en diferido. No se duda de ellos. No se duda de lo que pasará en la prórroga propiciada por el de Camas.

No se duda de que Gareth Bale rebañará al vuelo el rechace de Courtois (¿de Courtois?) tras eslalon antológico de Di María. No se duda de que, con el Atleti derrengado,

Marcelo se internará y marcará a placer, como tampoco se pone en tela de juicio que Cristiano transformará un último penalti de cara a la galería de los egos. Todo eso no está en juego. Uno puede acercarse a estos recuerdos sin excesiva precaución. No hace falta ponerles un mimo especial. Muestran resistencia en la mente, no se desenfocan como los hermanos de Michael J. Fox en las fotos de *Regreso al futuro*.

No así con el de Sergio, para aproximarse al cual no hay suficiente plomo en el mundo que poner en los pies. Antes del córner por excelencia, hay otro córner. El gol está rondando el área cholista como yo rondo la narración de lo mollar aquí, por miedo a que se volatilice ante mis ojos. Modrić comparte el gilicórner con Carvajal, pero como no hay tiempo para nada ni siquiera se tapan la cara de vergüenza. Ambos le pasan la patata o la pelota caliente al pobre Isco, que merodea la frontal. Esta jugada, la que precede al gol, no está en los anales, pero por eso mismo es indestructible, me permite entretenerme en ella con garantías de no estropearla. Isco abre a Di María. El Fideo centra, porque algo habrá que hacer. Estremece pensar el modo tan aparatoso en que la jugada se convierte en un nuevo saque de esquina. El centro del argentino golpea en alguien, pero sale por la línea de fondo a millas de distancia, en la otra punta del campo, dando la sensación de que algún defensa del Atleti podría haber llegado a evitar el córner de haber corrido un poco más, de haber tenido fuerzas para ello. Un voleón de Savić, o de quien anduviera por allí, lo habría saldado todo con un simple saque de banda. Lo pienso y me pongo histérico.

Modrić se dispone a lanzar. Recuerda que el gilicórner, treinta segundos antes, no funcionó, lo que nos conduce a una conclusión desestabilizadora: de no haber mediado el gilicórner, tal vez nunca lo habría lanzado como lo hizo. El balón se desplaza tenso, como propulsado por un arco, y cuando pierde altura encuentra una vorágine de miradas que definen las líneas maestras de un cuadro barroco, una pantalla providencial de Bale a Juanfran y el vuelo majestuoso de un andaluz universal.

Qué más decir, salvo que por fin hemos desembocado allí y, felizmente, nada se ha estragado. Menos mal. No habría soportado ser el primer escritor que arruina el gol de Ramos en Lisboa. «Hay una cosa buena: nunca nos sucederá nada peor que esto». Mi pensamiento cenizo queda desintegrado en un *big bang* de júbilo. Tal vez el *big bang* del comienzo de los tiempos diera lugar a más cosas. No seré yo quien lo ponga en duda, pero la importancia que cada cual otorgue a sendos comienzos del universo no dejará de ser subjetiva.

Suena a estereotipo, a tópico manido, subrayar que el tiempo se detuvo, pero lo cierto es que así pervive el momento en la memoria: como una suspensión del transcurrir de las cosas. En casa de mi hermano se formó un corro de gente que se abrazaba y se desgañitaba con un volumen tan ronco que el sonido murió de éxito. Es una postal, un fotograma. Gente abrazada con la boca abierta y el gesto desencajado. Como en las películas más efectistas, no hay ruido alguno.

Era ya el minuto 92.49 en todos los relojes.

4

El brazo derecho de Courtois

Normalmente, no se gana una Champions League con un brazo. No es la utilidad para la cual lo puso Dios en nuestra anatomía. Su principal función, de hecho, es decepcionante, dado que solo sirve como enlace entre el tronco y la mano, que es la habitualmente importante en esta historia y en cualquier otra. Con la mano se llevan a cabo las vitales funciones del tacto y la prensión, mientras que el brazo, por lo general, suele estar ahí únicamente para garantizar que ninguna de las dos funciones se lleve a cabo a una distancia demasiado corta del sobaco, lo que a todas luces sería indecoroso.

Con la mano se abren latas de atún, se agarra el cepillo para la higiene bucal y, si eres portero, ahora sí, se aferran o se despejan balones que pueden ayudar a tu equipo a ganar la Champions League. Con la mano, insistimos, no con el brazo. A menos que seas Thibaut Courtois, que es a donde vamos a ir a parar (nunca mejor dicho). Courtois gana Champions Leagues con la mano, con el pie, con el brazo o con lo que se tercie, muy en especial si se encuentra en el estadio parisino de Saint-Denis.

Más allá de la referida aportación de centímetros entre mano y axila, un brazo bien musculado merced al ejercicio físico puede coadyuvar en la conquista de la dama apetecida, siempre y cuando ella se fije en estas cosas, y una vez comienza con ella una relación más o menos estable sirve también para que pueda asirse con comedimiento a alguna parte de tu anatomía mientras cruzáis juntos el paseo de la Castellana, alegres y risueños porque juega vuestro Madrid.

A menos que seas Thibaut Courtois, como decimos, hasta aquí llega la utilidad del brazo. Sucede, sin embargo, que el protagonista de este capítulo es precisamente Thibaut Courtois, quien el 28 de mayo de 2022, cuando la final contra el Liverpool de la máxima competición continental enfilaba sus últimos minutos, resolvió un uno contra uno ante la presencia del temible Mo Salah con un instintivo movimiento del brazo de valor Champions League.

El balón, impulsado por la pierna diestra del astro egipcio, volaba ya en dirección a la red, lo que habría igualado el gol inicial de Vinícius Jr., pero los reflejos del guardameta belga lo impidieron. El esférico (como decían los antiguos) fue despejado («beaten away», dice el exasperado locutor británico en algunas versiones de YouTube) por lo que a primera vista parece el bíceps derecho de su oponente, aunque la atajada es tan vertiginosa que resulta difícil dilucidar qué parte exacta del brazo obra el milagro. Por la dirección que toma la pelota, que de manera frustrante para los *reds* se va a córner, da la sensación de que un primer contacto es, en efecto, con el bíceps, siendo la acción secundaria del antebrazo la que la propulsa en esa dirección. Dada la fuerza que lleva, ese cuero no habría sido repelido con esa trayectoria de no haber mediado dos contactos, tan supersónicos y contiguos en la línea del tiempo que resultan prácticamente indistinguibles.

La parada es la última de toda una serie de prodigios que distinguen la actuación de Courtois como la mejor de un portero en la historia de todas las finales de la Champions League, prácticamente sin discusión. Su partido es monumental, hasta el punto de que nos encontramos ante una de esas raras ocasiones en que, siendo como es el fútbol un deporte colectivo, puede afirmarse, asumiendo la hipérbole, que un encuentro lo gana un jugador.

Elegimos la parada del brazo de entre el resto porque es seguramente la mejor de todas, aunque esto sí es discutible por la gran dificultad de varias de ellas. El control y la incursión de Salah son irreprochables, y no se pone nervioso ante la acometida de Mendy, que le persigue como un búfalo en celo. Salah hace todo lo que hay que hacer para marcar gol, pero para el momento en que debe efectuar su disparo la figura de Courtois, presto a la salida, ya se ha agigantado ante sus mismísimas barbas. Lo de agigantarse ante las barbas del delantero, a fin de que la portería se le haga a su vez pequeña, es obligación preceptiva en todos los libros del cancerbero que existen, y hasta en los que no. Tienes mucho ganado si ya eres un gigante, digamos, de fábrica, como sucede en el caso que nos ocupa. Pero también tienes algo perdido, ya que, en teoría, tu gigantismo dificulta la flexibilidad y agilidad necesarias para acercarse al delantero que se dispone a chutar, acomodando el cuerpo al punto para maximizar en su contra el alcance de tu silueta. Cada parada de este tipo que lleva a cabo Courtois se ve favorecida por su estatura, aunque a la vez representa un teórico obstáculo a la hora de arrimarse a los pies del oponente con la celeridad necesaria y los reflejos a punto.

Teórico obstáculo. Para Courtois, subrayamos lo de teórico. En su caso, la estatura no tiene más que ventajas. Ha perfilado durante tantos años su agilidad, su técnica para buscar abajo —con plenas garantías de éxito— las botas del rival, que su condición de mole humana no juega en contra de la psicomotricidad a ras de césped que debe adornar a un portero. Así que en la jugada de la parada con el brazo no solo brillan los reflejos de Courtois, sino que afloran también lustros de trabajo afinando la técnica del uno contra uno.

No soy un erudito del fútbol, pero para pensar en otras paradas con el brazo (no con la mano) célebres me tengo que remontar a Ricardo Zamora, que alumbró la mítica zamorana, una parada con el codo. Tengo a mis lectores por gente medianamente versada en la prehistoria del fútbol español, pero por si acaso consignaremos que Zamora fue el primer galáctico cuando el Real Madrid lo fichó del Espanyol (entonces Español) por la cifra astronómica de ciento cincuenta mil pesetas. Sucedió en 1930, y a partir de ahí —ayudado por míticos compañeros como Ciriaco, Quincoces y los hermanos Regueiro— se convirtió en el gran héroe del Madrid de antes de la Guerra Civil, conquistando dos ligas y dos Copas antes de que el conflicto bélico fraternal entre españoles abortara la opción de más éxitos blancos, arrasando además con cosas muchos más importantes.

Zamora popularizó un modo de rechazar el balón con el codo, si bien algunos sevillistas insisten en que el inventor de esa suerte fue un guardameta hispalense coetáneo: Paco Díaz. En todo caso, Zamora popularizó el hallazgo técnico. Si plagió, perfeccionó el objeto del fraude hasta elevarlo a la categoría del arte, del mismo modo que Jarvis Cocker plagió la melodía de la mediocre canción «Los amantes», de Mecano, para convertirla en la obra maestra «Common people». El fútbol, como la música, es una sucesión de apropiaciones intelectuales indebidas, pero perfeccionadas a lo largo del tiempo.

Courtois ni siquiera plagió de Zamora ese despeje con el brazo en París. Primero, porque el belga solo habrá oído hablar de Zamora en tanto en cuanto da nombre al premio que aún se entrega al portero menos goleado de primera cada temporada, y probablemente nunca haya oído hablar de la zamorana como tal, aunque no conviene desdeñar la curiosidad intelectual del belga. Segundo, porque lo del actual portero blanco no fue con el codo, sino con el bíceps y el antebrazo. Tercero, porque el único portero relativamente contemporáneo que habría tenido las agallas de copiar ese despeje se llama René Higuita, la excentricidad entre los palos hecha carne y cancerbero espectacular que afortunadamente nunca tuvo la ocasión de lucir sus fuegos de artificio en los alrededores de Concha Espina.

El despeje con el brazo tras la internada de Salah no fue la única proeza obrada por Courtois en Saint-Denis.

En el primer tiempo, el propio Salah remata casi desde el suelo un centro de Alexander-Arnold que Thibaut despeja, y luego hace lo propio con un tiro envenenado de Sadio Mané que salva increíblemente con la ayuda del poste. En el segundo tiempo, antes de la referida parada, vuelve a rechazar un chutazo desde la frontal de Salah, al que vuelve a comer la moral más tarde cuando el egipcio se disponía a remachar el gol en el segundo palo. Más tarde salva otro tiro de Salah, a pesar de que el balón rebota en Diogo Jota a centímetros del belga. Todas estas jugadas son meritorios antecedentes, en la propia final, del clímax de la parada con el brazo (y el antebrazo). Fue absolutamente colosal.

No estará de más recordar que Courtois llegó al Real Madrid traspasado por el Chelsea en agosto de 2018. Decimos traspasado por el Chelsea y decimos bien, dado que solo el club londinense fue propietario del futbolista entre la 11/12 y la 17/18. Cuando Courtois juega la final de Lisboa relatada en el capítulo anterior, defendiendo los colores del Atlético de Madrid, lo hace exclusivamente en condición de cedido. El papel destacadísimo que con los años tendría en el Real Madrid lo ha convertido en maldito en los alrededores del Metropolitano, donde la baldosa que lleva su nombre es sistemáticamente vejada por hordas de hinchas colchoneros al parecer poseídos por una chocante pulsión posesiva respecto a algo que nunca fue suyo. Courtois solo estuvo allí en préstamo. Si patético resulta el regodearse en sentimientos de despecho contra cosas que ya no son tuyas, cuánto más lo será hacerlo respecto a bienes que como mucho tuviste arrendados.

Courtois estuvo en Lisboa en 2014, alquilado por el Atlético de Madrid, para ponérselo difícil al Madrid, y vaya si nos complicó las cosas. No hay muchos futbolistas que hayan perdido finales contra el Madrid y luego hayan tenido la oportunidad de resarcirse pero no otra vez contra el Madrid, claro, eso sería casi imposible, sino con el Madrid, o sea, previo cambio de embarcación. Salta a la memoria el caso de Raymond Kopa, que perdió la final inaugural de la Copa de Europa contra los blancos, jugando en el Stade de Reims, para luego fichar por el rival y cubrirse de glorias europeas; o el de Zinedine Zidane, que tuvo que morder el polvo ante Mijatović, vistiendo los colores de la Juve, antes de enfundarse la del escudo redondo para lanzar con honda el meteorito de Glasgow.

Courtois siguió el mismo camino: del poso de hiel de la derrota ante el Madrid a la euforia del triunfo militando en sus filas. Sucede que, al ser portero, el contraste entre una y otra situación es más chocante, porque su puesto le sitúa en las fotos de los momentos más decisivos de ambas finales, del gol de Ramos que no logra atajar en el Estádio da Luz a los múltiples que evita (sobre todo el del brazo derecho, loa eterna a su brazo derecho) ocho años después en la capital francesa.

Mucho mejor que yo explica esa doble condición de Courtois Juan Carlos Guerrero en *La Galerna*: «El portero belga, víctima de la instantánea, llegó al vestuario del Madrid cuatro años después y encontró en las instalaciones de Valdebebas una foto en la que nunca alcanzará el balón. Espero que, después del rendimiento aportado, alguien haya tenido la delicadeza de *pixelar* la cara del guardameta, como si formar parte de la plantilla del Real Madrid fuera como entrar en un programa de protección de testigos: uno comienza una nueva vida cuando se pone la camiseta del Real Madrid».

El ADN del club de Chamartín se caracteriza, entre otras cosas, por dotar al jugador de tanto protagonismo como aventuradamente esté dispuesto a asumir. Es así como convierte a jugadores normalitos, llegado el momento decisivo, en estrellas sin parangón, y a las estrellas sin parangón en verdaderos elegidos: a base de decirles (¿de engañarlos?) que son los mejores y que la gloria está en sus manos, en las manos de cada cual. Es así como el Madrid empodera a los futbolistas, por utilizar la jerga de nuestro tiempo, hasta hacerlos sentir indestructibles. Hace sentir a cada futbolista que es, dentro del contexto de sus capacidades y funciones, no solamente protagonista, sino el principal protagonista, y no he visto reflejado este maravilloso sinsentido en ninguna parte como en la rueda de prensa que dieron Ancelotti y Courtois, conjuntamente, con la Catorce ya conquistada.

Confesó el técnico italiano:

—Yo le dije a Thibaut: «Yo te traigo a la final y tú la ganas». Y eso hicimos.

El asentimiento de Courtois, la sonrisa a través de la cual daba a entender que la conversación había tenido lugar en esos mismos términos, plasma al Real Madrid en toda su inexplicabilidad casi pueril, en toda esa alquimia suya absolutamente ridícula que Dios bendiga. Ancelotti le dijo a Thibaut que la final estaba en sus guantes (o en su brazo derecho). Le anunció que la iba a ganar él, y Thibaut le creyó, por supuesto. Por eso la ganamos.

Por eso la ganó. Como contribuyó también, decisivamente, a ganar la Quince en Wembley, emergiendo desde la postración de una lesión gravísima. Su excelencia técnica, su palmarés aún no completo y su peso decisivo en el mencionado historial le consagran, en mi humildísima opinión, como el mejor portero de la historia del Real Madrid.

5

Casillas al rescate

Por supuesto, Thibaut Courtois no ha sido el único portero que ha resultado crucial en una final europea del Real Madrid. El primer otro ejemplo que viene a la mente es, evidentemente, Iker Casillas en Glasgow, el 15 de mayo de 2002, ante el Bayer Leverkusen.

La ocasión era más trascendente si cabe, ya que se trataba del año del centenario del club, y se imponía la obligatoriedad de ganar algún título a modo de celebración. La primera oportunidad de hacerlo se había evaporado cruelmente el 6 de marzo anterior, es decir, en la fecha exacta en que el Madrid cumplía los cien, en la mismísima final de la Copa del Rey y en el propio estadio Santiago Bernabéu. El Deportivo de La Coruña arruinó la esperanza de levantar un trofeo en el mismísimo día del aniversario de la fundación del club.

A esa Copa del Rey conquistada por los coruñeses se la sigue llamando el Centenariazo. Hay peñas coruñesas que tienen ese mismo nombre. Haber arruinado la fiesta al Real

Madrid es aún, para la posteridad del club gallego, más relevante que el hecho mismo de haber logrado una Copa del Rey, a pesar de que solo han conseguido dos en toda su historia. Los cánticos de «cumpleaños feliz» de los hinchas coruñeses aún resuenan en los vomitorios de Concha Espina en las noches intempestivas, como psicofonías groseras. El antimadridismo es una enfermedad que produce ceguera, y los que deberían ser hitos en la historia propia quedan truncados en mezquinas alegrías por el reverso de la historia, es decir, el fracaso del Madrid. No importó levantar la copa, por poco frecuente que esto sea en la historia coruñesa. Importó quitársela al Madrid cuando los vikingos se aprestaban a celebrar su fecha más redonda.

Perdida la Copa, perdida también la liga a manos del Valencia de Baraja y Albelda (que, la verdad, y con todo el respeto, ya son ganas de perder), solo quedaba la Champions. «Solo nos queda la Champions» es sentencia recurrente en el historial madridista. La frase es la conjunción perfecta de agonía y gloria, porque lo que solo nos queda es tan potencialmente glorioso que, de lograrse, hará olvidar de inmediato todo lo no logrado. En los últimos tiempos ha caído en desuso, porque la escuadra de Ancelotti está haciendo tan ejemplarmente los deberes que llega a las finales de Champions con la liga ya ganada. No fue así en 2002, cuando todos los objetivos de la temporada, marcada a fuego como la del centenario, se reducían al todo —porque la Champions lo es todo— o nada de la vieja Copa de Europa.

El Madrid, dirigido por Del Bosque, se había plantado en la gran cita continental tras eliminar brillantemente al

Bayern (siempre el Bayern) y al F. C. Barcelona, en eliminatoria que incluyó un memorable 0-2 en el Camp Nou. Zidane picó el balón por encima de Bonano, quien, descoyuntándose en el área, en un alarde de impotencia, llegó a tocar la pelota. Cuando la cosa agonizaba, McManaman, que venía del banquillo, volvió a picar la pelota sobre la salida del guardameta argentino. Los dos goles le cayeron a Bonano de arriba, que es lo menos que te puede pasar ante un celestial Madrid que de este modo se plantaba en la final de Glasgow, la cual es casi tan célebre por la volea de Zidane como por las paradas salvadoras de Casillas.

Es posible que Iker Casillas llegara a la cita, sin embargo, con más sensación de enfado y frustración que de tensión competitiva. Era, en ese momento, el portero suplente, y es muy difícil que el portero suplente tenga que salir y aportar en medio de un partido. De hecho, es la única ocasión en una final de Champions que haya registrado un cambio de guardameta. De no haberse producido este guiño del destino, en forma de fatalidad para César, que era el guardameta titular, no habríamos asistido a la píldora de milagros que fueron los escasos minutos de Iker en Glasgow. Courtois en París fue un milagro *maxi single*. Iker en la noche escocesa fue milagro en dosis comprimidas. Como Bale en la final de Kiev, dieciséis años después, fue también la perfecta reivindicación de un futbolista saliendo desde el banquillo. Iker saltó al césped por indisposición súbita de un compañero. Bale lo hizo porque, viendo que el partido no se ganaba, Zidane decidió lanzarse al surco de la extravagancia sacando a la cancha a su jugador más en forma, quien no tardó en propiciar la Decimotercera con la chilena que eclipsó la que había marcado su compañero Cristiano Ronaldo (a la Juve) como el gol más bello de la temporada, y la volea de su esquivo entrenador (precisamente en el partido del que ahora hablamos) como el tanto más impresionante jamás marcado en una final de Champions League.

Esto del jugador que sale desde el banquillo y decide el partido es otro ejemplo de código genético madridista. Ya sabemos que el Madrid no es el único equipo donde eso sucede, pero cuando el hecho tiene lugar en el equipo blanco lo hace con todo el peso específico de la esencia vikinga. Ser jugador del Madrid es sentirte empoderado por la alquimia de la camiseta, que si eres bueno te hace sentir el mejor, y si estás entre los mejores te hace sentir estratosférico, ya lo dijimos antes. Salir del banquillo y decidir un partido en la cumbre misma del fútbol, un encuentro de altísimo voltaje como es una final de Champions, representa un empoderamiento de tal calibre que a mi juicio es el epítome del madridismo, sin perjuicio de que otros jugadores que no luzcan la blanca puedan hacer lo mismo en alguna otra final de esa competición, conscientes o no de que están protagonizando un acto de madridismo. Sin el Madrid de por medio, pero de madridismo al fin y al cabo.

Pocas cosas más madridistas que las reivindicaciones individuales. Esa rabiaególatra, traducida en el bien del equipo, se convierte en paradigma de chamartinización, quizá de manera paradójica, puesto que se supone que ningún jugador es tan bueno como todos juntos, como nos dejó dicho don Alfredo. Cierto, pero un jugador que no se crea importante para el grupo difícilmente va a aportar al conjunto. Hay golpes encima de la mesa, de reclamación estrictamente personal, que contribuyen al grupo de manera inigualable. Desde el 15 de mayo de 2002, no habrá ningún portero que salga desde el banquillo en un partido importante, y lo haga bien, que no esté brindando un tributo a Casillas en Glasgow, lo sepa o no. Qué pena que esa eventualidad ocurra pocas veces, lo que impide que ese homenaje a Iker se dé con más frecuencia.

El hecho es que Casillas no lo ve como un acto de reivindicación personal, ni ahora, a toro pasado, ni mucho menos en directo. «Cuando ves que te toca salir al campo, no se te ocurre que se trata de una ocasión para reivindicarte. No te da ni tiempo. Solo piensas en echar una mano en momentos de máxima tensión. Piensas que quedan veinticuatro minutos y que tienes la ocasión de contribuir a una Champions más evitando que el balón se aloje en tu red. Ni siquiera piensas en ello cuando finaliza el partido. No te das cuenta de que tu vida ha cambiado a resultas de esa noche».

Estoy con Iker Casillas en Valdebebas. Lleva gorra y una elegante chaqueta vaquera blanca. En la terraza de la cafetería, por encima de los campos de entrenamiento, hace calor. Está recordando esa noche, de la que parece tener una visión menos heroica, más de andar por casa, que la que le atribuimos los demás. O quizá es solo la modestia hablando, una modestia genuina. Iker siempre ha sido extraordinariamente amable conmigo. Mi impresión es que las críticas siempre le afectaron demasiado, pero a cambio es capaz de sentarse a discutir afablemente con cualquiera que alguna vez le haya criticado, como yo mismo. Me parece que tiene muchísimo mérito que la consternación te invada cuando te critican, pero que ese enojo no se traduzca para nada en acritud. Cuando le alabas tampoco saca pecho, y habla de sus hazañas con naturalidad. La de Glasgow es una de las más grandes.

«Las paradas en sí no fueron para tanto, aunque sí tuvieron mérito a la luz de la tensión que se estaba viviendo —rememora—. El Leverkusen nos tenía contra las cuerdas, embotellándonos en la segunda parte, y, aunque nadie tenía previsto que eso pudiera ocurrir, lo cierto es que no era sorprendente si miras la trayectoria anterior y posterior. Habían llegado allí eliminando a grandes rivales, incluido el United. Aunque en ese momento no se les tenía por grandes, eran jugadores que posteriormente seguirían trayectorias que les situarían en el olimpo: Ballack, Berbatov... En ese momento, a lo mejor no conocías a todos los jugadores, pero con el tiempo se convertirían en gente muy importante en este deporte, en diferentes equipos. Nos tuvimos que meter atrás y defender el resultado porque, de lo contrario, nos habríamos ido a la prórroga, y sinceramente pienso que en la prórroga las hubiésemos pasado canutas».

No lo está reconociendo por modestia, pero de la exposición de lo duro que habría sido enfrentarse a un tiempo extra se deduce que aquellas tres paradas fueron verdaderamente cruciales. «En la primera, saco los puños ante un disparo durísimo que tiene lugar tras hacerse el jugador del Bayern un hueco en el lateral del área. Busqué no complicarme, la verdad, tan solo quitármela de encima».

La segunda es la que yo había elegido como la foto del partido, pero con su afán iconoclasta Iker tira por tierra mi pretensión, apuntando mejor a la tercera parada. «La segunda es una parada de mero instinto, como resultado de ese mismo córner. Lo lanzan. Tú estás en la portería y ves pasar el balón, recorriendo tu horizonte. De repente, cuando llega al segundo palo sin que nadie lo intercepte, empiezas a no descartar que eso llegue a pies de alguien y que lo puedan rematar. Sucede, porque Berbatov arma la pierna y remata fuerte en dirección a puerta. No remata del todo bien, pero va directo a superar la línea. Para entonces ya me he lanzado para parar con las manos junto al poste, pero tengo la suerte de que el pie se ha quedado atrás y puedo armarlo para rechazar. Es una atajada que resulta de un acto reflejo. Para mí, no es una parada especialmente impresionante, pero es efectiva».

«La difícil para mí es la tercera —prosigue Iker—. Hay otro córner y un remate de cabeza de Ramelow [nota: el repaso del vídeo parece indicar que es nuevamente Berbatov]. Yo no veo prácticamente nada, tan solo una nube de piernas. Entre las de Fernando Hierro noto que, a bocajarro, un balón bota sobre el césped y se dirige a mí. Creo que es la más meritoria porque es en la que menos capacidad de maniobra tengo. Una décima de segundo antes, si me preguntas, te digo que no la voy a poder parar y se va a ir dentro. Es la más complicada por la abundancia de gente que me impedía ver, y me rematan en el primer palo, mientras que en el remate anterior pude seguir toda la trayectoria hasta que, a duras penas, chutan en el segundo».

Es evidente que fue una victoria sufrida. ¿Fue también una victoria «vergonzante», como en cierta ocasión dijo Alfredo Relaño?

«No, hombre, vergonzante es mucho decir —replica el llamado Santo—. Cualquier equipo que llega a una final de Champions está ahí porque tiene mucha resistencia que ofrecer a cualquiera, incluido el Madrid. Fue una final rara. Marcamos el 1-0 en aquel extraño remate de Raúl en un saque de banda, luego nos empata Lucio en un saque de esquina, y ellos tienen más ocasiones, bien solventadas por César. Y después viene la obra de arte de la volea de Zidane para irnos 2-1 al descanso. A partir de ahí, en la segunda mitad, jugamos demasiado a mantener el resultado y a intentar cazar una al contragolpe. De hecho, jugando así tenemos más de una oportunidad para el 3-1, recuerdo una de Morientes clarísima, otra de Solari a bocajarro. Pero el hecho es que ellos nos encierran hacia el final y tengo que emplearme a fondo para sacar esas tres».

A pesar de que en el documental *Colgar las alas*, de Movistar+, vemos a Manuel Amieiro, preparador de porteros por entonces, confesar que había advertido a Iker de que, por esos azares de la vida, podía tener que jugar en cualquier momento, nada en las imágenes, ni en el testimonio de Iker ahora, hace pensar que otorgara la menor probabilidad a tener que ponerse entre los palos. El repaso del instante en YouTube revela cierta desorientación y caos. «Es normal, no pensaba en jugar, para nada. Tuvieron que improvisar el cortarme las mangas con unas tijeras, porque yo con manga larga no jugaba».

«Vicente (Del Bosque) me mandó salir a calentar, pero yo seguía pensando que César se recuperaría. En una de mis carreras por la banda, al volverme hacia el banquillo, veo que la cosa va en serio. César ha echado el balón fuera de banda y se ha tirado al suelo. No puede seguir».

«En ese momento pienso en lo poquísimo preparado que estoy, en el sentido de que no había jugado más que dos o tres partidos desde el 6 de marzo anterior, la fecha del Centenariazo. Por eso estaba tan convencido de que no iba a jugar. La mejor prueba de que no iba a hacerlo es que yo había devuelto al club la inmensa mayoría de las entradas que te dan para la final. De mi familia y amigos no había ido casi nadie, con la sola excepción de mi padre y hermano. Mi madre, como es normal, no quiso ir. Lo repito: yo no iba a jugar».

¿Qué importancia tuvo el partido para él? «Fue un punto de inflexión. Si le añades la fatalidad para Cañizares de que dos días después también se lesionara, y eso me permitiera viajar como titular de España en el Mundial de Corea y Japón, el punto de inflexión es todavía más acusado. Paso de estar sentado en el banquillo a jugar la final de Champions y un Mundial completo con la selección. Mi vida experimentó un cambio radical. Con mi suplencia, yo estaba pensando en cambiar de aires. Como mínimo una cesión, algo que me permitiera foguearme por ahí. Yo pensaba que a César le quedaban al menos dos o tres años buenos y que, de no permitirme una salida como la que comento, se me iban a cerrar las puertas para, al menos, formarme como un buen portero con lo que más falta me hacía: minutos. Y eso que para entonces ya había ganado dos Champions con el Madrid. Pero, como te decía antes, no me doy cuenta de que mi carrera está cambiando ante mis ojos, y los de todo el mundo, hasta que me veo de titular de España en el Mundial. Camacho, el seleccionador, me lo dijo: «Serás el titular». Se da la circunstancia, además, de que la lesión de César en Hampden Park reviste cierta gravedad y un largo tiempo de recuperación, con lo cual entiendo que la temporada siguiente la iniciaré bajo el larguero, y no bajo la marquesina del banquillo».

¿Hubo una conversación en ese sentido con Del Bosque o con el club, al término del Mundial? «No hacía falta. Había sido importante en una final de Champions y me había asentado en la portería de España. Ya no era el momento de pensar en cesiones. Era el momento de coger el toro por los cuernos y, con veintiún años recién cumplidos, proclamar: "De aquí ya no me mueve nadie"».

Volvemos al empoderamiento que produce el Madrid, y que en el caso de Iker obra de manera suprema en Glasgow. En cierto modo, Casillas es un héroe improbable —ni siquiera iba a jugar— como Joselu, o como otros que el tiempo ha hecho devenir improbables, como Karembeau o Anelka o Diarra. Mientras la mayor parte de los héroes esporádicos quedan limitados a una o dos citas puntuales con la historia, en el Madrid hay también improbabilidades que acaban alumbrando mitos.

6

Glasgow *Revisited*

Uno de los abusos más intolerables que lleva a cabo el Real Madrid, en el sometimiento que ejerce sin remilgos sobre el resto de los clubes de la élite europea, es repetir ciudades en las que gana la Champions. Eso ya es recochineo. Aunque, bien pensado, quizá habría más arrogancia en lo contrario, es decir, en el negarse a jugar en sitios donde ya has ganado la Copa de Europa.

—Ah, no, usted perdone pero en Bruselas ya la gané dos veces, y me quedan bastantes ciudades donde aún no la he ganado. Por ejemplo, no la he ganado aún en Roma, imagínese, y me haría especial ilusión levantar la Orejona cerca del Coliseo.

En el caso de París, la contumacia es especialmente notoria. El Madrid ha alzado al cielo parisino tres Champions nada menos (1956, 2000, 2022), aunque no siempre haya sido en el mismo estadio de la capital francesa. La fijación parisina es tan notable que en la Ciudad de la Luz el Madrid ha cometido la excentricidad, incluso, de perder una final, que es una cosa que no tiene por costumbre hacer, dado que solo ha perdido tres de las dieciocho que ha disputado. Fue en 1981 ante el Liverpool, 1-0 con gol de Kennedy, e hizo falta que se jugara una de las peores finales de la historia de la competición, por parte de ambos equipos, para que los blancos pudieran perderla. Era el entrañable Madrid de los Garcías, paradigma de pundonor y abnegación, que bastante hizo con plantarse inopinadamente en la última parada del trayecto, para caer con los *scouse*.

En Glasgow no solamente se jugó (y se ganó) la final de 2002, la del golazo de Zidane, la de las paradas de Casillas que glosamos en el capítulo anterior, sino que también se jugó (y se ganó) la de 1960, el celebérrimo 7-3 al Eintracht Frankfurt, el todavía considerado por muchos como el mejor partido de la historia del fútbol de clubes. Dos veces en Glasgow, una en Cardiff y recientemente, por fin, otra en Wembley, el gran templo del fútbol que aún faltaba en la colección. Ya hemos ganado finales en todas las capitales de Gran Bretaña (las de Inglaterra, Gales y Escocia), de manera que ya solo nos resta Belfast para poder decir que hemos conquistado el Reino Unido en su totalidad. Está bien que siempre quede alguna meta por cumplir, por mucho que sigas y sigas ganando.

Por una cuestión de edad, solo he estado en una de las dos finales escocesas. La de 1960 me sorprendió demasiado ocupado en evitar ser el espermatozoide que por esas fechas fecundó a mi madre para dar lugar a mi hermano, quedando en reserva otros nueve años a la espera de mi momento. El color de los espermatozoides que fuimos mi hermano y yo no es cuestión en la que valga la pena incidir; además, se trata de una tonalidad para la que no ostentamos ninguna exclusiva. Cada persona que hoy existe era de color blanco antes de propiamente existir, lo que nos hace pensar que cuando el tiempo se acabe volverá a esa condición por mucho que ahora mismo, en vida terrenal, por pura coyuntura, beba los vientos por el Cholo Simeone o por el PSG. Venimos de lo blanco (todos, también a quien le duela) y algo me dice que a lo blanco iremos a parar. Procede aquí citar las sabias palabras de mi sobrino sacerdote, fiel representante de la familia y no solo en lo tocante a la fe y la caridad: «No vale la pena que discutamos por fútbol. Al fin y al cabo, en el cielo todos seremos del Madrid». Como lo fuimos antes de ser concebidos.

Pero no estamos aún en el cielo, sino en Glasgow, lo que viene a demostrar que aún nos falta una tiradita para llegar. Afrontémoslo: no es la ciudad más seductora del planeta. Ni falta que le hace, responderá alguien con buen criterio. Si cuentas con la seducción del carácter escocés, tan recio como franco, tan luminoso como hospitalario, no necesitas nada más.

En mi Glasgow, en el de 2002, tocaron además los Proclaimers. La canción que interpretaron fue su gran éxito «I'm gonna be (500 miles)», cuyo estribillo inigualable es una apología inequívoca del peregrino que llega por tierra, mar o aire para ver al Madrid ganar la Copa de Europa. Los Proclaimers inauguraron el evento con un himno a mi propio viaje hasta Glasgow, un himno hecho a medida del seguidor que lo deja todo para asistir a la gesta, sin importar cuán lejos esté destinada a producirse.

> *And I would walk 500 miles*
> *and I would walk 500 more*
> *just to be the man who walked 1,000 miles*
> *to fall down at your door.*

Ya lo dejé escrito en su momento, a cuenta de esos versos inmortales: cualquier madridista habría caminado quinientas millas, y después caminado quinientas millas más, solo por ser el hombre (o la mujer) que caminó mil millas pero, en este caso, no para caer rendido en tu puerta, Real Madrid, sino para verte ganar.

Iba a escribir que me gustó el miniconcierto de los hermanos Craig y David, mis gemelos favoritos sobre la faz de la tierra y, por extensión, mi dúo de escoceses favoritos. Y sí, me gustó, pero solo a toro pasado, a victoria consumada. Volviendo al razonamiento filosófico de mi hermano en la *fan zone* de Londres, en ese momento, mientras los escuchaba tocar una de mis canciones favoritas de siempre, no sabía si me estaba gustando o no, porque todo placer estético, acústico, visual, sensorial estaba sujeto al resultado final del partido, que ni siquiera había empezado.

En el otro Glasgow, en el de 1960, no tocaron los Proclaimers, entretenidos aún en ser un níveo espermatozoide (¡los dos el mismo, en este caso!). Sí se dieron cita en cambio gaiteros autóctonos en abundancia, como testifican las fotos. Hay una instantánea de Di Stéfano flanqueado por gaiteros, entre la niebla, en los prolegómenos del encuentro, y es de tal majestuosidad que crujen las bisagras de la grandeza. Hay otra parecida de Gento entre los gaiteros, a quienes llamaremos así en atención a sus uniformes, pero que sostienen en las manos toda suerte de instrumentos de viento y hasta percusión menos, curiosamente, gaitas. Ambas fotografías son espectaculares. Alfredo y Paco solo parecen vagamente interesados en las evoluciones musicales de la banda. Se les intuye más bien ansiosos por que dé comienzo el partido, con un marcado rictus de incomodidad. También ellos saben que no podrán saber si la actuación de la banda los ha entretenido hasta que no tengan en la mano el resultado de la final.

Hasta hace relativamente poco, la BBC programaba la emisión del partido en Navidad, o al menos de una parte. Sigue siendo considerado el epítome de la excelencia balompédica. El partido es tan bueno porque el rival es de tronío y demuestra serlo, pero sobre todo porque el juego del Real Madrid alcanza cotas sublimes de belleza, ambición, solidaridad y virtuosismo. Está bien que el virtuosismo —el de los once vikingos de 1960, como el de Zidane en la imborrable volea cuarenta y dos años después, en este mismo escenario— entre en juego en este libro, porque de momento parecía que mayoritariamente hablábamos de fe, denuedo y renuencia a la derrota. Resulta que el ADN del Real Madrid también consiste en jugar muy bien, y que jugar muy bien es algo que solo se consigue teniendo a los mejores, y que tener a los mejores es algo que solo puedes permitirte con una buena gestión, y que esa gestión al club se la han dado fundamentalmente Santiago Bernabéu y Florentino Pérez, con el debido respeto al resto de los presidentes (a unos más que a otros). Así que las siglas ADN, en el Madrid, podrían suplantarse por las más sucintas SB o FP, sin menoscabo del sentido de todo esto.

Hay un amplio resumen del partido de 1960 en YouTube. Nadie que se haga llamar madridista debe pasar por este mundo sin haberlo visto unas cuantas veces. Las imágenes, incompletas, en blanco y negro, precarias, son como el hallazgo de un pergamino fundacional en unas excavaciones. No son las únicas de la época, ni siquiera las más antiguas, pero resuenan con todo el peso de la posteridad por el modo en que ilustran el paso por este mundo de un fenómeno que arrasó con todo. Es la cúspide del Real Madrid de los años cincuenta. La institución habría de esperar a completar una segunda era igual de gloriosa (¿más gloriosa?) a la década comprendida entre 2014 y 2024.

Los primeros instantes del resumen están teñidos de ciertos visos de irrealidad. No hay grabaciones en blanco y negro, sino en blanco, negro y una infinita gama de grises, como se encargaba de recordar el crítico de cine Carlos Pumares, pero este blanco, este negro y estos grises tardan un rato en ser compulsados por la razón como históricos. Más bien se antojan una evocación de los pioneros del cine, una lámina, un guiño *vintage* a héroes añejos del celuloide.

Los primeros detalles contribuyen a esta sensación de extrañamiento. En el saque inicial, las únicas cámaras presentes, suspendidas en grúas a gran altura, muestran a Di

Stéfano, Puskás y Del Sol junto al balón, dispuestos a sacar de centro. ¿Los tres? Los tres, sí, y no se atisba un solo jugador del Eintracht en el paisaje. Por si tres fueran pocos, Gento está solo a la izquierda, contemplando el saque con lo que se adivina, o uno cree adivinar, un apunte de ansiedad voraz. Se diría que sus piernas deben llevar a cabo un enorme esfuerzo para permanecer quietas, y esta sensación se verá refrendada en breve.

El otro detalle que apunta a la irrealidad es el estilo de la narración de la BBC. En la era de los *streamers*, hemos perdido la costumbre de la contención y (lo que es peor) la de no alarmarnos ante quienes se contienen. Son apuntes enormemente someros, que describen en inglés lo que está sucediendo con el menor número posible de palabras, dejando respirar las imágenes, dando espacio a silencios solo matizados por el sonido ambiente. Es un locutor que muy probablemente ya no exista. Su voz ha quedado grabada («Sarhaga», en vez de Zárraga; «Throw for Real Madrid»; «The cross by Hento»), pero ya no es ni volverá a ser. El paso del tiempo y la devastación que acarrea pintan la historia de imaginación, aunque sea en blanco y negro, como son muchos sueños o como algunas personas dicen soñar. Sabemos que es historia, que todo ocurrió tal cual, pero tarda en entrarnos como tal.

Sin embargo, poco a poco, una percepción brutal de realidad se va imponiendo. Lo hace con cada detalle, con cada gesto de los protagonistas sobre el verde (aquí sobre el gris), y sobre todo con el jirón de alma que queda en cada carrera. De la sensación de ensoñación nos despierta ya, bruscamente, el centro chut del Eintracht que tiene lugar en el primer minuto, que sale violentamente despedido del larguero de Domínguez. «El partido no va a ser fácil», se sorprende diciendo quien de sobra sabe que el Madrid va a ganar 7-3. No tarda mucho Del Sol en rendir tributo prospectivo a Benzema sobre la línea de fondo de Hampden Park, y es así cuando hacemos nuestra la percepción de que todo esto tuvo lugar en la misma línea de tiempo. En la única línea de tiempo que conocemos. (Tal vez, ya que hablamos de geometría, la línea de fondo sea también la única línea de fondo que conocemos, como la muerte de cualquier persona es la misma muerte de siempre pasándole a otro, a uno más). Los suspiros de admiración que levanta en la multitud un regate de Gento y un chutazo posterior de Puskás nos reafirma en la creencia salvífica de que estamos ante (también) el mismo bello juego de siempre. Sin darnos cuenta, ha sucedido lo que parecía imposible: hemos hecho nuestras estas imágenes añejas.

Marca el número siete del Eintracht tras excelente jugada por la derecha. Internet nos informa de que se trata de Kress. Parece el hombre más amenazante por el lado germano. A ojos de Dios, o del destino para los no creyentes en las razones de las cosas, se trata de acomodar la realidad al estereotipo que indica que el Madrid casi siempre remonta, y que cuando lo hace así el universo rebosa de sentido.

Empata Di Stéfano a centro de Canário, quien recién llegado esa temporada está a punto de levantar su primera (y última) Copa de Europa allí donde algunos de sus compañeros están a punto de hacerse con la quinta en su palmarés. «Acababa de llegar al Madrid esa misma temporada, tan solo unos meses después que Didí, brasileño como yo —rememoraría medio siglo después en *La Galerna*—. Jugué poco con Didí. Nunca se adaptó. El frío le mataba y no pudo triunfar. Le recuerdo pasándolo fatal en un partido con nieve». Aunque estuvo poco tiempo en el Madrid, engrosando después las filas de los Cinco Magníficos del Real Zaragoza, Canário sí triunfó en el mejor equipo del mundo. Hampden Park fue su cénit. Las imágenes nos muestran a un virtuoso no exento de brega. Se viene al suelo cada dos por tres, rebañando balones como un poseso. A nadie le ha ido bien en el Real Madrid sin añadir pundonor a la clase. Quizá este factor fue el que marcó la diferencia con su compatriota Didí.

Al poco, no marca Puskás de milagro, en vertiginosa combinación por la izquierda. El resultado aún es de empate, pero en una de sus escasas efusiones emocionales al locutor de la BBC se le escapa decir que el juego empieza a permitirle reconocer al «vintage Real Madrid», que es conocido en el Viejo Continente como «the greatest class act the world has ever known». Calificando al Madrid como el mejor *class act* que el mundo ha conocido jamás, el locutor trasciende la esfera del deporte y sitúa al Madrid en el ámbito que también le pertenece, y que es justamente el que Santiago Bernabéu supo ver antes que nadie: el de gran protagonista del espectáculo de masas en que el propio don Santiago le ayudaría a convertirse merced a la creación de la Copa de Europa. Para sellar el arranque de somero entusiasmo del locutor, el Madrid se pone de inmediato por delante, con idénticos protagonistas de la jugada. Di Stefano remacha el rechace de Loy a tiro de Canário. 2-1. «Whatever they pay Di Stefano they don´t pay him enough», suelta enardecido nuestro hombre. El Madrid no paga en dinero, sino en gloria, como de manera célebre sentenció Valdano. Si es así, quizá sí pagó a Di Stéfano lo que merecía.

El equipo merengue va demostrando que domina tanto la suerte de la posesión como la del contragolpe más fulgurante. En el partido, pues, se prefigura ya la falta de dogmatismos tácticos que caracterizará un juego basado en el talento libérrimo de sus futbolistas. En esta onda asistimos a un pase largo deslumbrante de Del Sol, que el mismísimo Canário no convierte en gol porque chuta ligeramente desviado. La salva de aplausos que nos llega constituye el asentimiento de la grada británica al entusiasmo del narrador televisivo. Notamos que el Madrid ha llegado ya a ese escenario con un marchamo de leyenda que no volverá a perder. Será en adelante eterna leyenda fuera del territorio del país que le vio nacer, al tiempo que dicho país le discutirá rácanamente cada uno de sus logros, en la más palmaria manifestación de la envidia nacional española que nos será dado encontrar. Un gesto de espuela de Gento lo gestiona Di Stéfano con maestría y el balón acaba en el poste. La multitud exclama con arrobo, y como sosteniendo que el equipo merece ir al descanso con una ventaja más sustanciosa Puskás recoge el rechace tras gran jugada de Del Sol y marca de chutazo, casi sin ángulo, el gol que envía al Madrid al vestuario con una ventaja de dos tantos.

En la segunda mitad, la excelencia se desboca; la exce-

lencia, acostumbrada a ser comercializada en envases míni-
mos, solo tiene por costumbre hacerlo profusamente cuando quien destapa al tarro lleva un escudo redondo en el
pecho. Vemos a Zárraga interceptando un balón tras otro,
pero además le vemos cambiar el juego de una banda a otra
con una soltura que desmiente su fama de simple perro de
presa en el centro del campo. Vemos a Di Stéfano aparecer
por allí, por allá, adelante, detrás, armar la jugada, aparecer para tocar y echar a correr, jugando el juego del desmarque perpetuo por activa y pasiva, rematar, asistir: ser el mejor, lo que los viejos nos cuentan que era.

Vemos a Gento descolgarse una y otra vez por la izquierda, conquistando la línea de fondo una y otra vez a pase de
Rial o de Del Sol. Muchos años después, Michael Owen se
pondrá el número once comentando el orgullo que ese dorsal iba a insuflar en su padre, prendado aún de la alquimia
cántabra del número desde que vio a don Paco en Hampden
Park. En una de sus incursiones, sufre un leve trastabilleo y
el árbitro asistente llama la atención del colegiado para que
marque penalti. Seguramente no lo es, y así el partido es un
poco complaciente hasta para el universo anti, que colgará
en redes sociales la jugada aislada como si esta demostrara
que Franco pintaba algo en Europa a comienzos de la década prodigiosa, aunque para prodigios la conversión del penalti por parte de Cañoncito Pum.

Aunque Domínguez aún tendrá ocasión de lucirse en
una magnífica ocasión de Kress, la exhibición vikinga no ha
hecho más que comenzar. Puede que el quinto gol sea el más
espectacular de todos. Hay un quite lujoso de Santamaría

en la frontal del área propia y, a resultas de este, una contra de manual. Gento sale a una velocidad que no parece de este mundo. De repente, cuando ya habíamos tomado por auténtico lo presenciado, la carrera de la Galerna del Cantábrico desmiente el realismo. Nah. Ahora entendemos el blanco, el negro y el gris. Es Buster Keaton con los fotogramas a todo meter. Nadie corre así de rápido, y menos aún puede hacerse coincidir en la misma persona la velocidad inconcebible y el toque de balón. El centro es de una precisión inhumana a tantos kilómetros por hora. Puskás vuelve a marcar, y repetirá con el 6-1 al poco rato, revolviéndose en el área en una jugada en la que vuelve a intervenir Gento.

Se dan cita combinaciones entre el argentino, el cántabro y el magiar que producen la sensación de que juegan con el Eintracht como si fuese un gatito de meses. Stein marcará el 6-2 para restaurar el honor alemán, y los aplausos en la multitud servirán de árnica para la goleada. La gente sabe que tal vez el Eintracht no merece un correctivo tan brutal, pero también es consciente de que el equipo de Muñoz sí merece, en cambio, golear. Hay un lamento ante la obviedad de que un goleador exija la presencia de un goleado. Cunde en el campo, así como en las gradas abarrotadas de Hampden Park, una atmósfera edificante en la que nadie parece tomar como afrenta el lucimiento técnico, ni como humillación el recoger una y otra vez el balón de las mallas propias. Es el fútbol como deporte de artistas, de atletas y de caballeros, todo en uno, sin apriorismos para la ofensa, llevadas las cosas de una suerte de inocencia que hoy conmueve.

Contemplar el partido y acoger como probablemente atinada la máxima de nuestros mayores, según los cuales no ha habido otro como don Alfredo, son una y la misma cosa. Las imágenes hablan por sí solas. En el minuto setenta, el argentino parece espoleado por el mínimo deshonor de que su amigo «el coronel» lleve cuatro goles y él tan solo dos. Agarra un balón y se lanza como una flecha hacia el área rival, sin que nadie sea capaz de detenerlo. En ese momento, probablemente, quiere emular a Puskás, pero también emular a Gento. Quiere parecerse a todos ellos porque desea ser el mejor, seguramente porque ya lo es. Dispara desde su casa, y es gol, pero su voracidad le impedirá detenerse ahí. No logrará empatar cuantitativamente con el gran Pancho, pero su partido es mayestático. Antes de llegar al minuto noventa, jugará de espuela con Gento, de igual forma que en el primer tiempo Gento jugó de espuela hacia él, y la mandará al poste tras una vaselina casi onírica tras recibir un gran pase en profundidad de Rial. Todo en estas imágenes *vintage* certifica a los cuatro vientos lo que ya sabíamos, es decir, que somos lo que somos gracias a él y a esos amigos (sí, amigos) suyos que le buscan por todo el terreno de juego.

El 7-3 definitivo llega a consecuencia de un balón muerto en el área blanca. Hay un defensa que gestiona mal esa pelota. Es un plano cenital único, de manera que no tenemos ocasión de escudriñar la mirada que le echa Santamaría, pero el lenguaje corporal de ambos nos permite intuir un enfado descomunal del extraordinario central uruguayo. Si las miradas mataran, su compañero se habría desplomado al suelo en ese preciso instante. Es solo el gol que reduce la distancia en el marcador de cinco a cuatro goles, pero en el Madrid con las cosas de golear no se juega. La ambición consustancial al equipo blanco convierte en inaceptable lo que para otros sería anecdótico.

La vida me ha dado el inmenso privilegio de conocer a tres de los héroes de Glasgow 1960: Gento (q. e. p. d., en cuyo honor fundé *La Galerna*), Canário y el propio Santamaría, que me ha hecho el honor de contarme entre sus amigos. En 2022 le dimos, precisamente, el Premio Paco Gento de *La Galerna*, y el mito tuvo a bien agradecerme el detalle regalándome una camiseta suya que, de acuerdo con los entendidos, corresponde justamente a la temporada 59/60. Solo tiene el escudo, bordado a mano, y el número cinco en la espalda, también bordado a mano. No pone SANTAMARÍA por ninguna parte, pero eso no la hace menos suya. Si acaso más, porque en la época no había utilleros que repartieran camisetas a discreción, sino que los jugadores se apañaban el año entero con dos o tres, que iban lavando y usando según disponibilidad. Por supuesto, existe una posibilidad no desdeñable (Santamaría no puede confirmar que sea el caso) de que la camiseta que hoy obra en mi poder, y que tengo enmarcada en casa, sea precisa y exactamente la que lució en la final de Hampden Park, el que para muchos, lo voy a repetir con un deje de petulancia ahora, es el mejor partido de la historia del fútbol de clubes.

Para mí, como se comprenderá fácilmente, lo es. Es la que llevó en Glasgow, y no admito duda ni refutación al respecto. Y sí: sin ser yo un fetichista, ni perder el sentido por esas cosas, obra en mi poder una prenda por la que más de un coleccionista podría matarme. Tengo demasiada suerte. Como decía el propio don Alfredo: «No me lo merezco, pero lo trinco».

El propio Santamaría me contó la celebración de la Quinta: «Quisimos salir a celebrarlo por Glasgow, pero Bernabéu no nos dejó, porque había que estar absolutamente presentables al día siguiente para ofrecer la Copa a los madrileños en el clásico desfile por las calles de la ciudad. Nos tuvimos que quedar en el hotel. ¿Y qué hicimos? Hablamos con dos vigilantes para ver qué nos podían traer. Aparecieron con jugo de naranja y galletas María. Marquitos prometió que se vestiría de gaitero para la ocasión si ganábamos, y lo cumplió». (De hecho, hay fotos de Marquitos en el aeropuerto disfrazado de tal guisa, acompañado por Cori, su mujer, y por los niños).

Cuando fui a la final de Glasgow de 2002, la del golazo de Zidane, la de las paradas de Casillas, tenía *in mente* la de 1960, como no podía ser de otro modo. Pero no calculaba que toparía con tantos escoceses que aún la tenían presente.

Para quien haya estado alguna vez por allí, no habrá pasado desapercibida la proverbial afabilidad y ganas de conversación de los lugareños, de manera que no fue difícil recabar recuerdos, impresiones, anécdotas. Quienes vivían cerca del estadio, que tanto había cambiado desde 1960, habían abierto sus modestos *lawns* a los visitantes, a los que invitaban a cervezas, muy en particular a los visitantes madridistas, con quienes parecían tener un interés especial en pegar la hebra. Me estoy viendo en el umbral de una de esas casas, abriendo una lata de cerveza tras otra, todas ellas procedentes de la nevera de nuestros anfitriones, una familia tan encantadora como posiblemente alcohólica.

No se trataba tan solo de hacer tiempo antes del pitido inicial (y de la actuación de los Proclaimers), sino también de disfrutar de la interculturalidad. Aunque alguno, por edad, bien podía haber presenciado la final en directo, dentro del estadio, no era el caso. Pero todos recordaban el inmenso impacto que el partido tuvo para Glasgow, para Escocia. Para el mundo. De algún modo, generaciones de escoceses también se habían sentido protagonistas. Hay eventos tan grandes que te hacen suyo, y aunque solo fuera porque ellos o sus padres pasaban por allí, o tal vez solo porque era el evento el que había pasado cerca de su casa o la de sus padres, tomaban la final como algo propio y querían compartir sus recuerdos con los madridistas, a quienes, por supuesto, deseaban una victoria que replicara a aquella otra. Es una cosa muy loca, si uno lo piensa, el verte unido durante un rato a gente a la que no vas a volver a ver en toda tu vida en torno al recuerdo de algo que ninguno, ni ellos ni tú, vivieron en primera persona, pero que simplemente tuvo lugar a escasos metros de donde ahora mismo os encontráis.

A la salida del estadio, cuando las paradas de Casillas ya habían validado el descomunal gol de Zizou, nos encaminamos cantando y bailando al bus que habría de llevarnos al aeropuerto. Desde las ventanas encendidas, en medio de la noche incipiente, siluetas anónimas nos saludaban y nos aclamaban al pasar. Al ganar el Real Madrid había ganado

Glasgow, pues era en Glasgow donde había tenido lugar la mayor hazaña en la historia del Real Madrid. Lo interioricé como una transferencia directa de madridismo a través de la geografía, o por medio del nacionalismo, no lo sé. Más de cuatro décadas después, ni los espontáneos en las ventanas ni los que desfilábamos por la calle cantando éramos los mismos, pero sí era la misma ciudad homenajeando al mismo equipo.

7

El arranque intempestivo de Marquitos

Por supuesto, nada de esto habría sucedido de no ser por la
condición de visionario de Santiago Bernabéu, quien aceptó
el ofrecimiento de *L'Équipe* para crear una competición que
reuniera a los mejores clubes de Europa. Sería la Copa de
Europa, precursora de la Champions League, a su vez precursora de la Superliga de Florentino Pérez, que esperamos
sea realidad a no mucho tardar, por el bien del fútbol.

Es la competición que ha hecho grande al Real Madrid,
o más bien inmenso, por lo que no será de extrañar que
ocupe un porcentaje elevado de estas páginas. J. B. Toshack,
entrenador galés de principios de los noventa que no logró
ganarla (hay un significativo parón productivo europeo de
treinta y dos años), decía que la liga era el pan y la mantequilla, mientras la Copa de Europa era la nata. Quizá in-
tentaba escurrir el bulto respecto a la obligación de ganarla, sin poder ni siquiera concebir que entre el 98 y el 2024
el club se iba a pegar un atracón de nata sin precedentes
desde los años cincuenta, mientras el Barcelona se pegaba

otro a base de pan y de untar, pero no precisamente la mantequilla.

De los orígenes de la Copa de Europa se sabe mucho, pero hay dos cosas que me consta que no son universalmente sabidas. Una, que el primer ofrecimiento para la creación de la competición no fue hecho al Real Madrid, sino el F. C. Barcelona, club del que eran acérrimos seguidores los representantes de *L'Équipe*. Con la sagacidad proverbial en sus dirigentes, los blaugranas prefirieron priorizar la Copa Catalana y declinaron la invitación. Es la misma largueza de horizontes que pocos años antes les había movido a arrojar la toalla en el fichaje de un tal Alfredo Di Stéfano, negándose a pagar la parte correspondiente del fichaje a Millonarios y culpando de su propia racanería a Francisco Franco de cara a los anales de la historia. Geniazos.

Hay otra cosa que tampoco se sabe, y es que Franco, que supuestamente ayudó al Madrid a conseguir las cinco Copas de Europa logradas de una tacada, se opuso incluso a la creación de la competición por parte de Santiago Bernabéu. La pretensión de que el caudillo pudo echar una mano a los blancos en el escenario europeo se desmorona ante el peso que Franco, un auténtico apestado para las democracias occidentales, tenía por entonces en el Viejo Continente, pero es que al dictador no le gustaba siquiera la existencia de la competición, adorando como adoraba la autarquía en la que tenía sumido al conjunto de España. Luis Miguel Beneyto, directivo del club de Concha Espina durante largo tiempo, me contó que el generalísimo, al enterarse de que Bernabéu se aprestaba a viajar a París para poner los cimientos de la competición junto con los representantes de *L'Équipe*, envió un emisario para prevenir al patriarca blanco de que se atuviera a las consecuencias si llevaba a cabo dicho viaje. El mensaje de vuelta al Palacio del Pardo no se anduvo con medias tintas: «Dígale al caudillo que, si pretende que no vaya a París, tendrá que pararme en la frontera». (La historia se la refirió a Beneyto Antonio Calderón, sempiterno gerente de Bernabéu).

Una vez creada la competición, y a fin de proseguir tocando los dídimos al dictador, Bernabéu, monárquico convencido, organizó una visita del equipo a la familia real en el exilio, con ocasión del primer partido de su historia en la competición, frente al Servette suizo. Tras eliminar posteriormente a Partizán y Milan, los entrenados por Villalonga se plantaron en la primera final de la competición con la que estaban destinados a vivir un idilio eterno. Fue en el Parque de los Príncipes de París, el 13 de junio de 1956, y la victoria allí cosechada no fue solo la primera final europea ganada de su historia (el ratio es inconcebible: quince ganadas de dieciocho finales jugadas), sino también la primera lograda por la vía de la remontada, valga la redundancia.

Como remontada no solo es la primera, sino también una de las más meritorias, porque primero se empató un partido que se perdía por un margen de dos goles, después se vio cómo el Stade de Reims volvía a ponerse por delante y, por último, se volvió a remontar esta última desventaja.

Como sucede con la quinta Copa de Europa, de la que hablamos en el capítulo anterior, también de esta final hay imágenes, si bien son todavía más borrosas y precarias.

Apenas se conservan los planos de los goles, y ni siquiera estos son lo suficientemente nítidos como para llevar a cabo valoraciones futbolísticas muy sesudas. Sabemos que el Stade Reims —que por entonces contaba en sus filas con el fenómeno Kopa, a quien Bernabéu ficharía para las siguientes— se adelanta por dos veces en el marcador, y de manera muy tempranera. Leblond marca en el minuto seis, y Templin en el diecinueve. Este segundo tanto, como se aprecia en las imágenes, fue un error del gran guardameta Juanito Alonso, que no puede hacerse con el balón en una salida. «Sin embargo, era un excelente portero, e hizo muy buenas paradas aquel mismo día», rememoraba Paco Gento, recordando aquella gran noche en *La Galerna*.

Era un 2-0 en contra, pero don Alfredo no tenía el cuerpo para tonterías. En colaboración con su inseparable Rial, para el minuto treinta ya había sellado el 2-2, con el que se llegaría al descanso.

Todo volvió a torcerse en el minuto sesenta y dos, cuando, de cabeza, Hidalgo alojó el balón en la red, en un remate inalcanzable para Alonso. La necesidad de remontar vuelve a activarse, vuelve a partirse de cero o de menos uno, pero el Madrid ya está tocado por el rasgo más característico de su código genético: la más indomable resistencia a la derrota.

El 3-3 es el milagro que me descoloca de forma más dramática, cuando Marquitos, defensa derecho o central que en nueve años de estancia en el club solo anotará tres goles, consigue que uno de ellos sea el de ese trascendente empate. Enseguida volveremos sobre ese extraño prodigio. El 4-3 lo marca Rial, futbolista mayúsculo cuyo nombre, de manera injusta, tal vez no luzca en el subconsciente de los madridistas futuros como lo harán los de Di Stéfano, Gento o Puskás.

Paco Gento me honró en su momento escribiendo sus impresiones sobre el partido. También volveremos sobre el cántabro más adelante. Eran tiempos donde ni el papel de los futbolistas era tan mediático ni las imágenes del fútbol se comercializaban con la misma asiduidad. El propio Paco me contó que en aquella época, para ver sus propios goles, se tenía que meter en el cine y contemplarlos en el llamado NO-DO, un documental previo a la proyección de la película de turno que resumía las principales novedades.

«La primera Copa de Europa terminó por convertirse en una experiencia fenomenal —rememoraba quien fuera designado mejor extremo izquierdo del mundo—. Era el nuevo torneo del que todo el mundo hablaba, aunque nosotros desconocíamos hasta los rivales con los que nos íbamos a enfrentar. Hoy los equipos saben cómo juegan los contrarios y cómo hacerles frente. Nosotros apenas sabíamos las alineaciones de algunos equipos, no teníamos ni idea de cómo jugaban».

«Cada partido era una aventura nueva, y quizá por eso muy emocionante. Todavía recuerdo de memoria la alineación de la final. Juanito Alonso, Atienza, Marquitos, Lesmes; Muñoz, Zárraga; Joseíto, Marsal, Di Stéfano, Rial y Gento. Un gran equipo, aún sin los fichajes que luego llegarían. Uno de ellos fue el de Kopa, que en la primera final jugó con el Stade de Reims; aunque no marcó, participó en muchas jugadas de peligro. Ese mismo año lo fichamos, y ya jugó la siguiente final con nosotros, y dos más».

Gento refrenda lo que las alternativas en el marcador sugieren: «La tónica del partido fue clara: siempre persiguiendo a los franceses. Conseguimos empatar con goles de Di Stéfano y Rial, pero otra vez nos pusimos por debajo 3-2, y un poco nerviosos, porque no quedaba mucho tiempo».

«Pero sucedió lo inesperado —proseguía Gento—. Marquitos, un defensa de raza, cántabro como yo, se fue al ataque de forma repentina y remató una jugada en el área pequeña, creo que ¡con la espinilla! Lo más importante fue que lo metió en una jugada de furia; no importa tanto cómo lo hizo, sino que lo hizo. Marquitos es de los pocos que estuvo en todas y cada una de las primeras cinco Copas de Europa, como Di Stéfano, Zárraga y yo mismo».

Esta, la del gol del empate a tres, igualada que luego deshará Rial, es obviamente la jugada más intrigante del partido. En aquella época los defensas no metían goles, sencillamente. Bastante mermados estaban en número en relación con otras líneas de los equipos, primando como primaban los esquemas netamente ofensivos, como para permitirse excesivas alegrías y marcharse a lo loco al ataque. Sus entrenadores, desde luego, no los incentivaban para hacerlo. Insistimos: el propio Marquitos marcaría únicamente tres en sus muchos años de desempeño blanco.

El tanto de Marquitos no llega, además, en ninguna jugada de estrategia. No es un córner ni una falta lateral. Es un arranque intempestivo que le impele, con el balón en juego, a irrumpir en el área rival cuando nadie le espera allí. No participa en la jugada, pero la sigue con la determinación y el ansia de un poseso. La sensación es que es consciente, por una cuestión esotérica, de que la historia del Madrid le está esperando allí, junto a la línea de gol, para remachar la pared pergeñada entre Di Stéfano y Rial. Decía Gento que le da con la espinilla. En la imagen no se aprecia bien. Da la sensación de que el balón tropieza en un defensa del Reims antes de entrar, pero todo ello, el remate y el posible tropiezo en la pierna del defensor, sucede a tan escasos centímetros de la línea que poco importa. El gol es de Marquitos, que se aleja corriendo con los brazos en alto. Por entonces no se ensayaban bailes ni se hacían gestos más o menos artificiosos para celebrar: brazos al aire, grito visceral, abrazo grupal y a por otro.

—No sé si le da con la espinilla, puede ser —me dice Cori, la encantadora y divertidísima viuda de Marquitos.

—Si fue con la espinilla, probablemente fue con alguna novela de Marcial Lafuente Estefanía —apunta César, hijo de Marquitos.

—¿Perdón? —digo yo, ignorante como soy de tantas y tantas cosas.

César se ríe.

—Como por entonces no había espinilleras —me explica—, mi padre contaba que los jugadores se protegían con novelas del Oeste, que introducían entre las medias y la propia pierna. Eran novelitas pequeñas, de quiosco, cuyo autor era el conocidísimo Marcial Lafuente Estefanía, quien escribió unas dos mil seiscientas novelas del Far West, amén de un buen número de novelas rosas que publicaba con seudónimos. Puede que mi padre llevara puestas unas cuantas cuando remató ese balón.

No eran aún tiempos de usar las novelas rosas para tales menesteres, pero se reconocerá que tiene un raro sentido la introducción de historias de indios y vaqueros en medio de las hazañas de los héroes seminales del madridismo. Estos héroes vikingos tienen algo fordiano. Eso mismo, héroes del Salvaje Oeste, es lo que siempre me parecieron los mitos de los cincuenta. Cuando conocí a Paco Gento, tuve la sensación de que estaba hablando con un tío lejano muy querido, pero también con el mismísimo John Wayne. Así fue exactamente como me sentí. Como quien habla con el penúltimo representante de una época en la que no se disparaba por la espalda, y el fútbol y las praderas y la vida eran lugares inhóspitos, pero donde prevalecían la lealtad y el juego limpio.

No tuve la fortuna de conocer a Marquitos. Sin embargo, estoy seguro de que era un hombre que respondía a esos principios. Otro *cowboy* amante de la aventura y de dormir al raso. Como Paco. Como Alfredo. Como Rial. Como Santamaría. Estoy tomando un vino con la familia de Marquitos en una muy agradable terraza de Santander, cerca del hotel El Sardinero. Me están pintando al personaje de manera tan vívida que empiezo a replantearme la primera frase de este párrafo. No tuve la fortuna de conocer a Marquitos, pero es como si Marquitos me conociera a mí de toda la vida.

No estoy solo con Cori y con César en esta mañana radiante junto al Cantábrico. También están Marian, la simpatiquísima mujer de César, y los amigos Carmen y Álvaro, que son quienes han propiciado el encuentro. Cori ha venido preparada con una carpeta llena de fotos. Son impagables. En una de ellas vemos a Marquitos vestido de gaitero, como prometió que haría si el Madrid ganaba la Quinta en Glasgow (victoria narrada en el capítulo anterior). Está en el aeropuerto, y junto a él vemos a la propia Cori, jovencísima, con una niña en brazos y más niños alrededor. Uno de esos niños será Marcos Alonso, jugador de fútbol como su padre y como lo será su hijo, tres generaciones de excelencia balompédica. El caso es único: las tres generaciones (Marquitos, Marcos y Marcos Alonso, por sus nombres futbolísticos) han jugado alguna final de Champions. Marquitos, la piedra fundacional y a quien ahora rememoran sus familiares y amigos, ganó cinco. Desgraciadamente, solo la tercera generación vive aún en esta dimensión.

Otra de las fotos corresponde a la visita a la familia real en el exilio, en Servette, ya mencionada. Posa la plantilla al completo junto con, entre otros, don Juan de Borbón y un jovencísimo don Juan Carlos. Al frente de la expedición, por supuesto, va don Santiago.

—Era un hombre de una sencillez apabullante —apunta Cori—. Nosotros fuimos a visitarle varias veces en su famosa casita de Santa Pola, cuando mi marido ya no estaba en el Madrid. Llevaba unas alpargatas de andar por casa, y en una de ellas había practicado un agujero para airear el juanete.

Se ríe Cori y el mundo entero se ríe con ella, como dice la canción. Es imposible que tenga la edad que por fuerza, sin embargo, ha de tener. Conserva una belleza apabullante y esa clase, la inexcusable clase del norte. Me cuenta cómo conoció a Marquitos (ella le llama Marcos): un perrito perdido en la playa, un caballero apuesto y fornido que se acerca en traje de baño con el animalito en brazos. También es una escena de galanteo gentil en el Far West.

—¿Es tuyo?

Por entonces, Marcos juega en el Rayo de Cantabria. Fichará por el Madrid, procedente del Racing, al comienzo de la 54/55. Por entonces, su paisano Gento ya llevará un año en el club blanco. En la 53/54, el Racing visita el Bernabéu. Gento frente a Marquitos, literalmente, pues el marido de Cori tapa la banda derecha.

—Bernabéu se fija en él en ese partido, y decide traerse a otro cántabro al equipo. «Yo creo que me fichó para que estuviera en el mismo equipo que Gento y así no pudiera seguir dándole patadas», me decía Marcos.

Cori vuelve a reír. Es una risa franca y contagiosa que revela una mujer llena de personalidad. Comenta César la regla de los cántabros en el Madrid: siempre ha habido algún cántabro en los Madrides campeones de Europa, al menos hasta la Novena. Gento. Marquitos. Helguera. Amavisca.

—Amavisca vive en ese edificio —señala César—. Es un tipo simpatiquísimo.

Las fotos siguen pasando de mano en mano. Marquitos con Puskás, sabe Dios en qué temporada. Marquitos posando con Santamaría y la Copa de Europa, sabe Dios cuál entre la Tercera, la Cuarta y la Quinta. El equipo entero posando con las copas, con diferentes trofeos que levantan especulaciones.

—La de esta foto puede ser la Primera, porque todavía no está Kopa —aventura alguien.

Hay que fijarse bien en las camisetas y en las ausencias para lanzar hipótesis con tino. Cori lanza una anécdota tras otra, entreteniéndose y entreteniéndonos. Las mujeres de cada uno de los miembros de la plantilla también trabaron amistad. Tengo la teoría de que la amistad era la auténtica fuerza motriz de aquel grupo. Eran un grupo de amigos que se dedicó a conquistar el mundo, como también lo son los integrantes de la plantilla que se ha hecho recientemente con la Catorce o la Quince. Santiago Bernabéu dedicó su vida a hacer grande al club conformado por los amigos que le ayudaron a sanar la herida de la orfandad y la soledad, cuando era apenas un niño y jugaba en el Madrid de principios del xx. La amistad es también puro ADN blanco, y uno de los mayores logros de Florentino Pérez es volver a hacer posible que reine entre las paredes de un vestuario repleto de estrellas.

—Siento mucha curiosidad por el gol que marca en la Primera —les cuento a todos los presentes, en especial a Cori—. Es verdad que el Madrid va perdiendo, pero quedan muchos minutos por delante, y no era habitual en la época que un defensa incursionara de esa forma en el área rival, con el balón en movimiento, como un kamikaze.

—Era muy testarudo —declara Cori en una nueva carcajada—. Se empeñó en que tenía que subir y subió.

—En la época, que un defensa hiciera algo así era muy arriesgado. ¿Los demás le decían que no lo hiciera?

—Hombre, claro, empezando por Alfredo, que era el

que más mandaba allí. «Pero, Marcos, ¿adónde vas?». Sin embargo, era terco y libre. Nadie podría haberle detenido.

Y menos mal, agrego, porque, de no haberse producido ese gol, no habría llegado la Primera, y de no haber llegado la Primera no habría llegado la Segunda, y así sucesivamente... Se lo digo a Cori, y ella hace como si no se hubiera dado cuenta antes, seguramente por pura gentileza conmigo. Lo habrá pensado mil veces, lo comentarían mil veces agarrados del brazo por la playa de los Peligros. Sin el gol de Marquitos, nada de esto habría ocurrido, y es a la vez espeluznante y bellísimo pensarlo. La historia más legendaria en la historia del deporte, repetida una y otra vez a lo largo del tiempo, no habría tenido lugar. Nada de esto habría ocurrido sin el arrebato salvajemente individual de un defensa libertario que vio su sitio en la historia y lo persiguió como un orate.

8

Pedja Mijatović, Boney M. y la Peña Ibáñez

Ya ha sido dicho que el verdadero suspense con los goles decisivos en la historia del Madrid no se vivió en el momento preciso de cada gol, sino en todas y cada una de sus revisiones en diferido. Cuando vuelves a ver el partido, ahí es cuando Hitchcock se habría puesto las botas. Por las mismas razones por las que nunca sabes si Cary Grant escapará del avión fumigador, a pesar de que has visto mil veces *North by Northwest*, siempre te queda el miedo de que hoy (pero ¿qué es hoy?) Ramos disponga la frente un centímetro más acá o más allá y esta vez el balón se vaya al poste, o que hoy (ya lo tengo: el Madrid es un continuo hoy de mayo glorioso) a Pedja no se le ocurra regatear al defensa en el vértice del área pequeña, y entonces tire al bulto y la pelota se vaya a córner.

Hay que estar preparados para todo. Cuando vuelvas a ver la final de Ámsterdam, ten en cuenta todas las posibilidades. Si esta vez le da a Pedja por fallarla, piensa que aún quedan minutos por delante, y haz votos por que Bodo no se contagie del error revisionista de su compañero y siga haciendo gala de la misma sobriedad ante Inzaghi y Davids. Si Bodo no imita la irresponsabilidad del compañero y cumple con el pasado, tenemos al menos asegurada la prórroga, y a esos minutos añadidos Zidane ya no llegará tan fresco. Zidane, otro al que convendría pixelar la cara en esta revisión de la final de la Séptima. Es la era preservilleta en la deslumbrante carrera del marsellés y aún no ha arribado al lado bueno de la historia (Thibaut *dixit*).

Han logrado que la inteligencia artificial te clone intelectualmente más allá de la muerte, pero lo del viaje al pasado se le está resistiendo a la ciencia. Lo lamentamos por Joan Gaspart, quien sin duda sería el primero en subirse al DeLorean y aparecer en la capital holandesa, digamos, el 19 de mayo de 1998, para pasar la noche tranquilamente en un hotel de su cadena o excadena previo paseo por el Distrito Rojo. Al día siguiente, solventadas las logísticas, se encaminaría a los alrededores del Ámsterdam Arena con la intención de lograr una audiencia con Mark Iuliano, defensa central de la Juve.

—Me dijeron que quería verme. ¿Nos conocemos?

—No. Aunque tal vez conozca usted mi versión joven y me viera bañarme en el Támesis.

—¿Cómo dice?

—No importa. Vengo del futuro y soy de la Juve de nacimiento.

—...

—Tengo un consejo muy importante que darle. Es un consejo, sí, pero sobre todo es una súplica. En el minuto

sesenta y seis de la final de esta tarde, su compatriota Panucci va a centrar desde la banda derecha. El balón será
rechazado en el segundo palo y llegará a los pies de Roberto
Carlos, que lanzará potente, como él suele, pero sin ton ni
son.

—...

—Usted va a rechazar ese disparo de Roberto Carlos. Le
prevengo para que esté sobre aviso y no deje la pierna blan-
da, porque si hace eso, ya cayéndose por el césped, el balón
saldrá despedido en dirección a los dominios de su portero,
pero no precisamente en beneficio del mismo, sino de Pedja
Mijatović, que andará atento por ahí. Tenga cuidado con
ese rechace, por amor de Dios.

—Pero..., pero...

—Cabe la posibilidad de que no haga falta que usted
intervenga. ¿Sabe usted cómo puedo llegar a hablar con
Tacchinardi? Es el que va a intervenir justo antes que usted.
Si consigo hablar con él, tal vez logre incrementar su concentración y mejorar su colocación para que, en el salto con
Raúl tras el centro de Panucci, el balón no salga despedido
hacia Roberto Carlos, sino que pueda ir a córner. ¿Usted
sabe los sinsabores que nos ahorraremos si, ya sea uno, ya
sea el otro, conseguimos que esto no ocurra? ¡Prolongare-
mos la lista de años sin ganar la Copa de Europa del Madrid más allá de los treinta y dos años, y sabe Dios por
cuánto más!

—...

Gaspart le enseñaría a Iuliano un recorte de prensa, que
trae de su bolsillo y por tanto del futuro. En la foto se ve a

Lorenzo Sanz levantando la Séptima, alzado al cielo por los jugadores.

—¡Mira! ¡Mira! Sé que me vas a hacer caso y vamos a cambiar la historia. ¡La Orejona está empezando a difuminarse en la foto! ¿No lo ves clarísimo?

—*Ma che cosa...*

—Dentro de un rato, Lorenzo Sanz no tendrá nada en sus manos. ¡Estará besando el aire con las manos aferradas a nada! Vamos, Marc, di que vas a ayudarme.

No hay nada que esté menos escrito que la historia. El suspense de las grandes citas del Madrid en diferido no es una neura que yo tenga (albergo otras que merecen ese nombre con más argumentos), sino que la comparto con muchos otros. Está contrastado. Es más, la comparto con el propio Pedja Mijatović Lalalalalá, como se verá enseguida.

Le he llamado Pedja Mijatović Lalalalalá, con nombre y dos apellidos, porque es inevitable canturrear la tonada con la sola mención de su nombre. Sucede lo mismo con Roberto Carlos, precisamente:

Roberto Carlos
Lorololololó
Roberto Carlos.

El tema original, de la cual extrae la melodía el cántico de Roberto Carlos, es por supuesto «Can't take my eyes off you», clásico que dieron al mundo Frank Valli and the Four Seasons y que después versionó una amplia nómina de artistas, desde Gloria Gaynor a Sinatra. No tengo claro que la gente sepa cómo concluir la estrofa cuando se la dedica al mejor lateral izquierdo de la historia. Cuando la canción original dice «Trust in me when I say», la melodía posibilita un retorno al comienzo para que el cántico se prolongue en bucle, hasta el infinito, pero no estoy seguro de que el madridismo haya aprendido a hacerlo, y se queda en tres o a lo sumo cuatro versos. Una verdadera pena. Se desperdicia una magnífica oportunidad de redondear el canto y empezar de nuevo. Probadlo y veréis cómo entendéis lo que quiero decir.

Y con la de Mijatović sucede algo similar. La original es «Brown girl in the ring», de Boney M. Los madridistas nunca llegan cantando a la parte de la melodía donde la letra original dice «she looks like a sugar in a plum». No haría ninguna falta cantar eso mismo, pero bastaría con sustituirlo por nuevos lalalás para dar una continuidad a la canción. Sin embargo, ningún madridista la sigue. Es el cántico más irresistible y a la vez más corto de la historia del madridismo.

> *Pedja Mijatović*
> *Lalalalalá*
> *Pedja Mijatović*
> *La-lalalalalá*
> *Pedja Mijatović... (ehrm... ¿y ahora qué?).*

Nadie sabe cómo seguir. Otro desperdicio. Id a la fuente original y completad la puñetera canción. Así la podréis cantar durante horas, sin cansaros, con una melodía que muere y vuelve a nacer donde la dejaste. Ya digo que no es necesario cantarle a Pedja que es dulce y almibarado (que sería la traducción de *sugar in the plum*) porque basta con tararear la melodía aun sin letra, pero es imprescindible conocer dicha melodía entera, al menos el estribillo, para poder hacerlo.

Todas estas importantísimas nociones las ofrezco gratis (bueno, por el módico precio de este libro) para que mis correligionarios perfeccionen su veta animadora y, en consecuencia, su propio esparcimiento pasional y el de todos cuantos los rodean.

Pedja Mijatović es posiblemente, junto con Jorge Valdano y Álvaro Arbeloa, el exfutbolista más inteligente que he conocido. En las distancias cortas seduce. Lo haría probablemente aunque no lo pretendiera, pero es que además lo pretende. Es un conversador nato, un hombre articulado cuyo leve acento balcánico, en combinación con un vocabulario rico en castellano, le confiere un encanto especial. No he estado en su compañía muchas veces, pero sí las suficientes para saber que su grado de egocentrismo o altanería es cero, cosa que probablemente sorprenderá a muchos; si bien es y se sabe el mismísimo Pedja Mijatović, está dispuesto a escuchar tu historia y a que tu historia le interese. Es extremadamente educado y cordial.

En cierta ocasión, la muy madrileña Peña Ibáñez le preparó un homenaje por su cumpleaños (por el de la peña, no por el de Pedja), y allí aparecí yo por la doble razón de haber sido invitado por mi amigo Roberto Andrades y por mi devoción por el montenegrino. El madridista que no quiera a Pedja Mijatović, si lo hubiere, tiene un corazón tan propenso a la iconoclastia que debería hacérselo ver por un gabinete especializado. Como opinador de fútbol, he discrepado muchas veces de él, sobre todo en sus muy agrios comentarios sobre Bale cuando el galés (aún) no los merecía. No hay que olvidar que fue Mijatović quien inspiró, con unas declaraciones públicas, la famosa bandera galesa con la leyenda: «Wales. Golf. Madrid. In that order». Los fans de Cardiff que la diseñaron no reflejaban con esas palabras el pensamiento de Bale, sino el que Mijatović le había atribuido a Bale. En todo caso, son discrepancias que en nada pueden enturbiar la devoción que el héroe de Ámsterdam ha de inspirar a todo madridista dotado de un corazón con sus aurículas y ventrículos en su sitio.

No tantos años después de colgar las botas, Mijatović llegó a ejercer de director deportivo de la institución. Aunque su labor está injustamente ensombrecida por el fullero presidente al que reportaba en esos años, hizo un excelente trabajo que trascendió el mandato de ambos. Dejó para los restos al segundo mejor lateral izquierdo de la historia del club y de la historia (Marcelo), a quien trajo en un mercado de invierno junto a Higuaín y Gago, recuperó a Capello (que le había entrenado a él) y supo encontrar el momento exacto en el cual concluir que los muy ocasionales chispazos de genialidad de Ronaldo Nazário no compensaban el mal ejemplo que creaba en el vestuario su discutible relación con su oficio, facturando al astro brasileño al Milan también en pleno invierno.

Inmerecidamente, en aquella comida de aniversario de la

Peña Ibáñez tuve la fortuna de estar sentado al lado del héroe de la Séptima. Es el hombre que actualizó la saga de wéstern que iniciaron los pioneros europeos de don Santiago. Si Gento es John Wayne, Mijatović es Clint Eastwood. Sigue llevando el pelo engominado y vistiendo impecablemente. Es una de esas personas que perlan su discurso de gestos discretos pero expresivos que puntúan la narración. Por eso da muy bien para las fotos en entrevistas: el pulgar y el índice de ambas manos unidas en beneficio del énfasis; el ceño gentilmente fruncido para expresar admiración o interés.

Lo extraordinario del evento era que, mientras se desarrollaba la comida, en la cual no faltó el buen jamón ni las carnes rojas ni el buen vino, una enorme pantalla que presidía la mesa emitía el partido al cual el hombre del día debe su inmensa fama. Sí. Estábamos todos comiendo mientras charlábamos de nuestras cosas, pero también prestábamos atención a un partido de fútbol que había tenido lugar veintitantos años antes, el encuentro que marca un punto de inflexión en la historia del Real Madrid, el retorno a la cumbre del fútbol treinta y dos temporadas después de la anterior Copa de Europa. Intimidaba un poco, creedme, sobre todo por las dimensiones de la pantalla. Tratar de comerte un solomillo con pimientos del piquillo mientras el rostro ingente de Fernando Hierro gruñe al árbitro —aunque más bien parece que te gruñe a ti— no es cosa al alcance de todos los comensales.

Durante la comida, le cuento a Pedja que es el culpable del madridismo de Jitesh Sahani, un ciudadano indio hoy

cuarentón en cuya adolescencia se cruzó su gol en Ámsterdam (el de Pedja, no el de Jitesh). A Jitesh no le gustaba el
fútbol, pero se sintió apelado por la historia de la recuperación de la gloria pretérita llevada a cabo por los blancos
aquel 20 de mayo del 98, y desde entonces no pudo parar.
Como la Orejona de aquella ocasión hizo al planeta entero
rememorar la anterior, la que hacía treinta y dos años que
no se conseguía, nuestro hombre empezó a interesarse por
la historia de aquel mítico Madrid de los años cincuenta y
sesenta. El flechazo fue total. En la actualidad, Jitesh es el
presidente de la Peña Madridista de Bombay, una de las
más numerosas del orbe. Están como auténticos cencerros.
Un año, con ocasión del aniversario de la peña, en lugar de
invitar a una estrella retirada a solomillos y vino tinto, al
quedarles todas un poco lejos, organizaron un gran partido
de conmemoración. Los dos equipos eran el de Amigos de
Alfredo Di Stéfano, por un lado, y el de Amigos de Paco
Gento por el otro. Inmensos murales con las caras de ambos
flanqueaban el terreno de juego, que tras la celebración del
encuentro amistoso acogieron enormes mesas con masala
dosa y pollo tandoori para el correspondiente banquete.

Todo esto lo sé porque tuve el placer telemático de tratar
a Jitesh a consecuencia de una fallida intentona de crear un
programa de YouTube de temática madridista en inglés. Un
día, hablando con él por Skype, le comenté que me encontraba en un bar situado cerca del estadio, a escasos metros
de la casa donde vivió Paco Gento, por entonces aún con
vida. Casi se desmaya de la emoción. El madridista extran-
jero no tiene nada que envidiar, en términos de pasión y

desvelos por el club, al que vive en Chamartín y heredó el abono de su padre. Es más, a lo mejor es el de Chamartín el que debería aprender de cómo vive su madridismo el de más allá de las fronteras españolas. La ciudad de Madrid, la capital de España, es solo donde empezó todo, y donde sigue la sede social. Pero el madridista español y madrileño, por castizo que sea y por muchos años de socio que tenga su carnet, no tiene derecho a considerarse más madridista que los de fuera, por la misma razón por la que un cristiano nacido en los alrededores de Belén no tiene derecho a considerarse más cristiano (nada que ver con Ronaldo) que uno natural de la Isla de Pascua o Lesoto.

Pedja escuchó sin perder ripio mi historia de Jitesh y la Peña Madridista de Bombay. Luego pasamos a hablar, aún en los entremeses, de la importancia de su gol, el que al cabo de unos minutos tendríamos ocasión de ver en la pantallaza abrumadora dispuesta para la ocasión. Expongo al héroe de la Séptima el eterno (y absurdo) debate de preferencias entre su gol y el del héroe de la Décima, Sergio Ramos.

—Yo celebré el gol de Sergio más que nadie —dice Pedja—, pero es que el mío puso fin a una sequía de treinta y dos años sin Champions. Algunos decían que fue una especie de refundación del club.

Vaya si lo fue. Más de una generación de madridistas andaba enganchada al recuerdo de algo que no vivió, preguntándose con alguna angustia si alguna vez contemplaría lo del Madrid ganando una, aunque solo fuera una Champions League (nadie, absolutamente nadie soñaba el festín de Champions que nos daríamos entre la de Pedja y todas las que la seguirían). La foto de Lorenzo Sanz alzando la Copa sostenido en el aire por sus jugadores (incluido su hijo Fernando, a quien Mijatović dedicaría el gol, además de sus fichajes Seedorf, Šuker, Morientes o Roberto Carlos), esa que Gaspart quería difuminar en mi fantasía *made in Zemeckis*, tiene un peso histórico superior a cualquier otra de sus equivalentes.

—Era algo impensable que pudiéramos ganar la Champions ese año—dice Pedja—. En las negociaciones para firmar mi contrato, se me ocurrió que me pusieran un plus por ganarla. Lorenzo [Sanz] me miró como se mira a los locos y dijo, con una tranquilidad traicionera: «Claro, ¿cuánto quieres?». ¡Maldición, debería haberle pedido mucho más!

Nos reímos, aunque las carcajadas quedan cortadas cuando en la pantalla Inzhagi hace a Illgner emplearse a fondo. Es aún el primer tiempo, pero Zidane (¡pixelen esa cara!) ya ha destapado el tarro de las esencias.

—Esa fue buena.

—Bodo paró mucho —recalca él.

—Oye, Pedja —le digo, justo cuando llegan a la mesa los cogollos con ventresca—, que hay quien dice que tu gol es fuera de juego. Ya sabes, la leyenda negra.

Suspira con algo fronterizo entre la resignación y el hartazgo.

—Lo he explicado mil veces. No sale en las imágenes, porque las realizaciones de los partidos eran mucho peores que ahora, pero Pessotto, que se ha quedado en la otra esquina tras el centro de Panucci, rompe el fuera de juego.

También me habilita el hecho de que el balón me llegue a través de un contrario. Nada de fuera de juego.

La conversación sigue y se acerca el momento en que el propio Pedja burla a un Torricelli que comete el error de irse a buscarlo al mediocampo, avanza por la izquierda y le pone a Raúl un balón franco de gol que incomprensiblemente el madrileño manda fuera.

—Ahí la tuvimos. Si Raúl mete ese, igual no habría hecho falta mi gol.

Justo en ese momento, el personal se viene arriba y comienzan cánticos entre los comensales, todos rendidos admiradores del montenegrino como todo madridista de orden.

Pedja Mijatović
Lalalalalá
Pedja Mijatović
Lalalalalalá
Pedja Mijatović...

—¿Ves? Se paran ahí. Se quedan callados.

—¿Cómo?

—No, es que siempre he pensado que, si la gente conociera la canción original, continuarían con el cántico, lo completarían. Pero lo dejan a medias...

Pedja me mira con alguna perplejidad. No parece un tema que le quite el sueño. Enseguida vuelven los cánticos, incompletos pero sentidos, y noto, para mi sorpresa, que el héroe de la Séptima, mientras agradece la tonada levantando la mano en una y otra dirección del salón, regando de sonrisas a los peñistas, se ruboriza ligeramente.

La comida transcurre en agradable charla con un titán de mi juventud, así como con otros afables comensales. Poco a poco, empieza a correrse la voz. Se acerca el minuto sesenta y seis. Nada en el partido hace pensar que el gol del Madrid se va a producir. Un eco del futuro me trae a Tuchel, dentro de veintitantos años, explicando eso mismo: ves el gol, le das para atrás, y constatas que no había nada que hiciera sospechar que el Madrid iba a marcar. Es una de las marcas de la casa. Ya me lo dijo mi amigo inglés con una mezcla de pasmo y admiración: «Somehow, your team make the goals happen». Así es, hacemos que sucedan los goles. Sencillo de explicar, pero no lo intenten en casa.

Nada hace pensar que el gol del Madrid, el tanto de Mijatović, va a llegar, pero la sala se llena de un rumor de expectación. Es ya el minuto sesenta y cinco, y los peñistas fingen excitación ante lo que es un peloteo insulso en el centro del campo. Es una expectación hilarante. Todo el mundo sabe lo que va a pasar, pero estamos en lo mismo: ¿y si no pasa? Nunca puede descartarse que la vida se convierta en una coproducción imposible de James Cameron y Hitchcock, o que se entrometa una jugada maquiavélica de Gaspart. La paradoja es que es un suspense impostado, pero para mis temores subconscientes es un temor perfectamente fundado.

Llega el centro de Panucci. Es un centro que no va absolutamente a ningún lado, pero la sala lanza un ¡uy! que me revienta de risa y a la vez me conmueve, extrañamente. Se ve que Gaspart no pudo al fin viajar en el tiempo para advertir a Tacchinardi de la absoluta necesidad de mandarla a córner. Tampoco, por lo que se ve, de explicar a Iuliano cómo debía efectuar el rechace para que no llegara a pies de Mijatović. Todo esto sucede ante los aullidos nerviosos (de un nervio fingido, o no tanto) de la concurrencia, que ha dejado el solomillo a medias para cantar el gol. Pero ¿qué gol, si aún no sabemos si va a haberlo? Mijatović regatea a Peruzzi, la manda a la red y sale corriendo como un poseso, esquivando abrazos, para desencajar en la banda el único abrazo prometido, el de su amigo Fernando Sanz, el que le había dicho que, si bien no había marcado aún un solo gol en la competición, esa noche iba a anotar el más importante en la historia del club, posiblemente.

Los peñistas pierden la cordura cantando el tanto, como si fuera en directo, y vuelven con la versión de «Brown girl in the ring» que jamás aprobó Boney M. Ni falta que hace. La explosión de júbilo es total y Pedja, a carcajada limpia, me dice al oído la frase que demuestra a la vez su grandeza y que yo tampoco estoy loco.

—Menos mal. ¿Te imaginas si hoy lo fallo?

9

La silla de Alaba como meme frustrado

El 9 de marzo de 2022, el Real Madrid ejecutó uno de sus mejores devaneos con el vacío, seguido de una de sus remontadas más celestiales. El PSG había ganado 1-0 en la ida (la renta fue escasa y hay que volver a dar el mérito a Courtois, que hasta detuvo un penalti a Lionel Messi) y se había adelantado en el partido de vuelta en el Bernabéu. Al comienzo del segundo tiempo, un Madrid ampliamente superado por el petroequipo parisino necesitaba dos goles para empatar la eliminatoria, tres para pasar de ronda. Se antojaba prácticamente imposible por la gran diferencia entre el juego de uno y otro, pero cuentan que en el descanso nadie en el vestuario blanco tiraba la toalla, y menos que nadie Karim Benzema.

—Vamos a marcar un gol pronto, y ellos van a entrar en pánico —vaticinó a sus compañeros.

Con esas barbas estaría muy feo no convertir en realidad los augurios del profeta, especialmente cuando luce un dedo permanentemente vendado que no quiere operarse para no privar al equipo de sus servicios.

Hay profetas que no se contentan con proclamar el futuro, sino que insisten en participar decisivamente en su cumplimiento. Supongo que lo de «profecía autocumplida», concepto que me encanta, viene aquí mejor que nunca, porque fue Karim quien se guisó y se comió tanto el pronóstico como su realización.

En el minuto sesenta, el nueve de Ancelotti presiona a Donnarumma y le roba el balón. Según la propaganda oficial del régimen, fue falta de Francisco Franco sobre el guardameta italiano. Lo cierto es que cualquiera de los esbirros de Negreira habría interpretado (?) como falta lo que no es sino una carga legal, pero en Europa se estilan otros arbitrajes. La bola va a parar a Vinícius, que busca lo que los clásicos llamaban el pase de la muerte para el propio Karim. Este, con carácter previo y en un movimiento de genio, se ha quedado unos pasos atrás, a fin de hacer geométricamente viable la asistencia de su compañero.

Empate a uno.

El Madrid aún necesita dos goles para pasar, pero el Bernabéu arde como si la perspectiva de llegar a cuartos estuviera a un solo paso. Y sucede algo que con frecuencia se obvia cuando se habla de este partido: el equipo cambia radicalmente y empieza a jugar muy bien. No es solo que el miedo se apodere de Mbappé (entonces en el lado malo de la historia) y sus compañeros. Es que el Madrid principia a jugar como los ángeles y sacude al mundo una media hora final antológica. Es verdad que, muy probablemente, esa media hora superlativa no habría sido posible sin el regalo de Donnarumma a Benzema, pero señalar tal evidencia es perfectamente compatible con proclamar el mérito vikingo.

Todo eso no invalida lo que predijo Karim, que se cumple a rajatabla. No es que los jugadores del PSG se pongan nerviosos: es que se convierten en la imagen misma del histerismo. A falta de quince minutos, el Madrid borda una jugada superlativa. Si ponemos en ordenadas la importancia de un gol y en abscisas el mérito de la jugada que lo precede, pocos goles puntuarán más alto y más a la derecha en el gráfico. Modrić inicia una cabalgada racial que nadie es capaz de detener, para acabar metiendo un gran pase en profundidad a Vinícius. El brasileño, al verse rodeado por el rápido repliegue francés, frena y, a la vez que ensaya arabescos elusivos, se piensa qué hacer. Ese segundo de pausa de Vinícius, ese instante de sabiduría que al principio le costaba, y del que ya es un experto consumado, contribuye de manera muy significativa al éxito de la jugada.

Una de las ventajas que tiene ese alarde de paciencia, brevísimo pero preñado de eficiencia, es que da tiempo a Modrić a llegar por allí. Siempre, absolutamente siempre procede esperar a que llegue Luka. Jamás será una mala decisión. Por eso acierta tanto Vini. Por el rabillo del ojo ve llegar al croata a la frontal y le lanza con precisión la pelota. A partir de ahí, la cosa queda entre Modrić, el balón y el desmarque de Karim, que se perfila hacia el hueco que el croata le señala con la vista. (Aclaramos que lo hace con la vista para distinguir al diez blanco de su compañero en mil triunfos Toni Kroos, tipo que va tan sobrado en esto del fútbol que indica a sus compañeros los desmarques a pura mano alzada, como parando un taxi e indicándole a la vez, específicamente, en qué punto exacto de la calzada debe detenerse).

El caso es que el francés la recibe de Modrić justo donde la quiere. ¿O es donde el croata quiere que Karim la quiera? Las sociedades futbolísticas de las que habló Valdano, conformadas por parejas de jugadores con un entendimiento especial, plantean tales dilemas, que comparten con las espinosas dinámicas de los amantes.

El caso es que Benzema la manda a la red (2-1), y que casi sin tiempo de pensar en que la eliminatoria está empatada nos encontramos con que la eliminatoria está a favor del Madrid. En el saque de centro, Modrić la roba, y el balón largo lo intenta controlar de nuevo Vinícius. Marquinhos se adelanta para rechazar el balón, pero está tan atenazado por el pavor ante lo que está sucediendo que su despeje, muy deficiente, llega a las botas de Benzema, a cuáles si no. El remate no es inteligible, ni falta que le hace. Tampoco lo es casi nada de lo que está pasando en esta espiral de demencia. Es posible que se trate del remate más práctico de la historia del fútbol. Nadie tiene tiempo de reaccionar. Karim la toca con el exterior y el balón dibuja una extraña parábola a ras de césped.

Benzema no marca el gol. Lo emboca.

Yo no sé nada de fútbol. Ha llegado el momento de confesarlo. No tengo la menor idea de cómo es posible que un balón impulsado como lo hace Karim vaya de dentro a fuera y entre. Es decir, entiendo que si, por el contrario, hubiese ido de fuera a dentro, se habría dirigido con poca fuerza hacia el centro de la portería y Donnarumma lo habría atrapado sin esfuerzo. Aquí sigue la parábola opuesta y por eso, rodando casi con sarcasmo, se cuela junto al palo derecho según mira el francés. No tengo la menor idea de cuánto hay de cálculo en lo que hace Benzema y cuánto es puro instinto en medio de la vorágine de un estadio patas arriba. Lo que importa es que entra («that's what she said», añadiría Michael Scott).

Esto mismo, a veces puesto en subjuntivo («lo que importa es que entre»), se lo he oído o leído a algunos de los artistas más reputados del balón. A Michael Laudrup le preguntaron en una entrevista cuál era su favorito de entre los goles que había marcado hasta la fecha, y su respuesta fue literalmente la reseñada:

—Mi favorito es el que entra.

No deja de ser curioso que los jugadores más abrumadoramente creativos tengan luego estos arrebatos de practicidad casi ramplona. Pero sucede que algunos de los artistas más refinados esconden en su alma un ganador, que es la razón por la cual algunos de ellos bien fichan por el Madrid, bien mueren con las ganas de hacerlo. Sí, Michael Laudrup, el hombre que admiró el planeta dando asistencias mirando para otro lado, decía con sinceridad casi decepcionante que el gol más bonito es «el que entra». El Madrid ama a los artistas, pero exclusivamente a los artistas que piensan así. Por eso Laudrup, harto de las milongas del estilo, acabó mudándose a Concha Espina. Como me dijo una vez José Luis Garci, y le parafraseo más o menos libremente, me puede encantar la estética del perdedor en el cine, pero yo a mi equipo le pido que gane. Ya solo falta por desentrañar, pues, el misterio de la adscripción futbolística del extraordinario director español, declarado seguidor del Atlético de Madrid.

El caso es que el remate de Benzema se va para dentro. 3-1. La locura se desata en el Bernabéu. Los propios jugadores pierden completamente la cabeza y empiezan a abrazarse con el público. Hablamos quizá del partido que inaugura esa tendencia. A partir de entonces, no habrá un gran triunfo que los jugadores de esta última hornada de (en su mayoría) jóvenes genios no celebren buscando el contacto físico con los seguidores, invadiendo la grada en algunas ocasiones y dejándose magrear por la marabunta. ¿Confesaré que me encanta? Sí, lo confesaré. No lo he visto antes, y me parece un excelente medidor de la temperatura entre la grada y el equipo. Nunca había visto una relación tan pasional entre ambas como la que reina en este Madrid que ahora ve triunfar a Vinícius, Bellingham, Camavinga, Rüdiger y otros ejemplos de cómo fundirse con la masa y convertirse en un pez más en la corriente. Hemos visto a Vini o a Rüdiger trepar a la grada y dejarse besar por la plebe sin el menor remilgo, sumidos todos en la misma euforia. Todo eso, la comunión casi perfecta entre escuadra y gente, entre protagonistas y testigos, que de hecho borra en cierto modo los límites que separan a unos y a otros, no la había visto jamás, y comienza aquí. Empieza en la noche mágica de Karim Benzema contra el PSG.

En medio del júbilo desenfrenado, con los jugadores fundiéndose en uno con la afición, David Alaba protagoniza un gesto que se convierte en icónico. Enajenado de felicidad, agarra una silla que hay a pie de campo, una silla de plástico o de madera ligera, de las que se ponen ahí en beneficio de los seguratas. La eleva por encima de su cabeza y la agita en el aire, como un orate desquiciado. Agarra una silla porque es lo que había a mano. Habría agitado en el aire un contrabajo o a tu prima de Antequera si hubieran estado en la banda. El hecho es que la foto da la vuelta al mundo y se convierte en el gran símbolo de las remontadas europeas del Madrid.

De hecho, la silla está expuesta en el nuevo Tour del Bernabéu casi como un trofeo más. El visitante la encuentra en su recorrido por el que actualmente es el segundo museo más visitado de la capital de España, tras el Prado. La silla está firmada por el mismísimo Alaba, y puedo dar fe de que se trata precisa y exactamente de la misma silla que el austriaco agitó en sus brazos como improvisado trofeo de la noche. No te dan una copa por haber ganado un partido que no es una final, pero la gesta había sido de tal magnitud que se imponía la necesidad de elevar algo al cielo madrileño, lo que fuera. David arrambla con la silla, y en su cabeza, probablemente, anticipa la escena que de hecho sí tendrá lugar en París apenas unas semanas después, donde todos podrán elevar la Orejona al cielo tantas veces como quieran. En la imaginación de David, probablemente, el confeti planea ya sobre la silla y sobre su cabeza, y suena el «We are the champions», de Queen. Este himno inmortal tiene una estrofa, por cierto, que ejemplifica como ninguna otra cosa la gratitud que el equipo siente por la afición que vivió aquellas remontadas imposibles, no solo la del PSG, sino también las que verían ante Chelsea y Manchester City ese mismo e inolvidable año: «Vosotros me disteis fama, fortuna, y todo lo que ello trae consigo. / Os lo agradezco a todos. / Pero no fue un lecho de rosas. / No fue un crucero de placer, / lo considero un desafío ante toda la raza humana. / Y no voy a perder». Estremecedora afinidad entre estos versos y aquella temporada.

Quizá en ese momento no lo habría verbalizado así, pero tengo para mí que Alaba levanta la silla porque tiene fe ciega en que iba a levantar la copa, la de verdad, poco tiempo después en Saint-Denis. Es un aperitivo, una concesión a esa confianza desatinada en el éxito final. En el Madrid no se celebran los éxitos parciales, y David lo sabe. Si no hubiera estado convencido de que aquella hazaña era solo la primera piedra en la construcción de una trayectoria memorable, con una victoria en la final, no habría levantado la silla.

Hay un riesgo en el acto de agitar la silla por parte de Alaba, un riesgo no suficientemente ponderado, y que se deriva de lo que estoy diciendo. ¿Y si el Madrid no llega a proclamarse campeón después? ¿Y si cae en la siguiente ronda contra el Chelsea, o en la otra contra el City? ¿Y si llega a la final pero la pierde, sabiendo como sabemos que en el Madrid quedar segundo es fracasar?

En cualquiera de esas circunstancias, el meme más hiriente estaba servido. Lo veo tan bien como a buen seguro lo puede ver el lector ahora mismo. El proceloso submundo anti, la España fea, no habría tardado en parirlo, creyéndose encima muy original.

En el meme sale Alaba sacudiendo el aire con la silla, y el texto se aproxima mucho a este: «La única Copa de Europa que ha levantado el Madrid este año».

Por eso la imagen icónica de Alaba levantando la silla es, por encima de todo, un meme maravillosamente frustrado. Es el Real Madrid riéndose en la cara del antimadrismo por lo que pudo haber sido y no fue, la vana ilusión de ver fracasar al sujeto activo de todas sus pesadillas. El Madrid, por supuesto, levantaría la silla y la copa, como Alaba sabía perfectamente. Es esa misma noche cuando se establece un pacto ineludible con el destino. Alaba sabía que ese bendito desatino en blanco no podía detenerse allí. En cuestión de semanas, Chelsea, City y Liverpool en la final comprobarán en sus carnes la indestructibilidad del nudo que el Real Madrid ha atado con la cuerda de su propia grandeza.

Al día siguiente de la hazaña, todavía zarandeado por tanta dicha, escribí sobre la silla de Alaba. Ya intuía el riesgo calculado, el potencial mortífero de la imagen si el Madrid, luego, mordía el polvo en cuartos, o en la propia final. Como aún no habíamos llegado a ella, no me atreví a escribir desde esa óptica. Pura superstición. A cambio puse en mi artículo otras cosas con las que sigo estando de acuerdo, todo ello a cuenta de la silla. Me autoplagiaré:

> Puede parecer solo un gesto espontáneo, transido del dadaísmo que a veces trae la euforia. Hay más. La silla patas arriba de Alaba es el mundo puesto patas arriba por el Madrid. El Madrid ha desafiado una vez más la lógica, los malos augurios (inevitables allá por el minuto sesenta) y todas las

pizarras del panenkismo. Solo me queda esclerosis en las cuerdas vocales y la confianza de que sea pasajero. En diecisiete minutos desgajados no ya de la tónica general del partido, sino desgajados del mundo, Benzema obró lo inimaginable. Lo obró él con la ayuda del escudo del Madrid, valga la redundancia.

La alusión al panenkismo era inevitable. Respeto pero no comprendo a quienes viven o dicen vivir el fútbol como un interés casi científico, una disciplina definida y experimentada desde la neutralidad de unos gráficos llenos de flechitas. La silla de Alaba, y todo lo que pasó antes de que volara, nos recordó que, afortunadamente, el fútbol es mucho más que eso. Es una pasión irracional que se explica también por lo aleatorio de factores rabiosamente humanos o ferozmente divinos, para quien crea en eso. No puedo entender la afición al fútbol salvo desde la pasión por un club, de igual modo que no podría entender un enfoque totalmente asexual de las relaciones hombre-mujer.

Fue una noche visceralmente apta para recordarnos todo esto, y significó el inicio de una serie de noches como aquella. «El Madrid entra en el laboratorio y la emprende contra las probetas. A lo mejor era eso lo que, en medio del éxtasis final en el Bernabéu, estaba haciendo Alaba agarrando esa silla y blandiéndola contra el cielo. Amenazando con volver a romper la crisma a la ciencia».

En diciembre de 2023, un año y medio después de aquella velada de fuego y vértigo, Alaba se rompe el cruzado en una jugada tonta. La desgracia —es una de las lesiones más graves para un deportista— sucede en el propio estadio de la Castellana, en un encuentro de liga como otro cualquiera, ante el Villarreal.

Para cuando el Madrid disputa las últimas rondas de la que será la Quince, Alaba sigue lesionado. A duras penas puede caminar con muletas. En la victoria ante el Bayern en el Bernabéu, con la locura de los dos goles de Joselu relatados con anterioridad, Alaba es obligado a salir al césped, con las muletas, para dar la vuelta de honor junto a sus compañeros, a pesar de que lógicamente no ha jugado ni un minuto. Es otra noche más de éxtasis colectivo, una de tantas que el Madrid ha convertido en costumbre.

No sabemos si Alaba lo espera o no, pero Rüdiger le tiene preparada una sorpresa. Roba una de las sillas que puntúan la banda y se la entrega para que vuelva a exhibirla ante el público, como el trofeo oficioso que ya es. Es otra silla, pero es la misma. La misma silla de siempre. En ese momento, Alaba no sabe cuándo va a volver a jugar al fútbol. No sabe a ciencia cierta si va a volver a hacerlo y si, con su edad, que no juega a favor, recuperará su mejor nivel. En medio de los cánticos de la gente, que obligan a todos a seguir dando la vuelta de honor, Alaba se conmueve. Cuando vuelve a levantar la silla, mirando a la grada, lo hace de un modo distinto al de 2022. Sabe que la silla acaba de trascenderse como símbolo de la resistencia imbatible a la derrota que caracteriza al club, y ha pasado a ser también un monumento, solo aparentemente doméstico, a la amistad que le une a ese grupo salvaje.

10

La madre de todas las remontadas

La mística del Bernabéu en las grandes remontadas de la Catorce y la Quince tiene su antecedente claro en los milagros de aquellas dos Copas de la UEFA ochenteras (85/86 y 86/87). Sin perjuicio de que el Madrid de Di Stéfano remontara también, o de que lo hiciera el gran Madrid preguerra de Zamora, Ciriaco y Quincoces, todo eso empieza ahí.

Alguien podría argüir que la Copa de la UEFA es un torneo relativamente menor, lo que desluce el brillo de aquellas remontadas en relación con las más recientes, que se insertan en la historia de la competición reina, la Copa de Europa / Champions League. Sería una aseveración ampliamente debatible, derivada de la falsa identificación que suele llevarse a cabo estos días entre la vieja Copa de la UEFA y la actual Europa League. Nada más lejos de la realidad. Por entonces, la Copa de Europa, precursora de la Champions, la jugaban exclusivamente los campeones de cada liga (más el campeón de la propia Copa de Europa); el segundo, el tercero y el cuarto iban a la UEFA. Disputando como disputan los cuatro primeros de cada nación la actual Champions League, convendremos que aquella Copa de la UEFA estaba infinitamente más cerca de ser una Champions que de ser una Europa League, esta sí una competición de rango muy menor en relación con cualquiera de las otras dos.

Con todo, aunque se hubiera tratado de una competición menor, aquellas Copas de la UEFA habrían elevado su perfil por la mera acogida del Real Madrid y de esas remontadas seminales ante el Anderlecht, el Inter... y sobre todo ante el Borussia Mönchengladbag, la noche que ha pasado a la historia, entre otras muchas cosas, por la salida del campo de Juanito, absolutamente enloquecido, dando puñetazos al aire en celebración de una victoria inconcebible.

«Habíamos perdido 5-1 en Alemania, lo cual definía ya al sino de la eliminatoria, porque remontar un 5-1 a los germanos no era algo que entrara en el catálogo de las cosas posibles. Por entonces, lo alemán era sinónimo de una competitividad inalcanzable para los demás. No les ganabas, y menos aún reducías a la nada una renta tan amplia. De manera que, a pesar de que ya habíamos remontado al Anderlecht, en un 6-1 espectacular, esta remontada se antojaba más allá de lo factible».

Quien así habla es Jorge Valdano, uno de los protagonistas de aquel partido. Como después fue entrenador y directivo del club, y más adelante el mejor comentarista de fútbol del país, en mi modesta opinión, a veces se nos olvida que fue además un jugador eminente, máximo goleador de una de esas dos Copas de la UEFA y máximo goleador del Madrid en la otra. Sin salir del propio partido que ahora comentamos, Jorge Valdano fue el mejor. Lo dicen las cifras: dos goles y participación directa en los otros dos para el 4-0 final. «En el tercer gol, el primero de Santillana, le di yo el pase. Por entonces no existía el concepto de asistencia, qué pena, me habría apuntado esa», comenta riendo.

Estamos tomando un café en el hotel Eurobuilding, donde no es difícil encontrarse a Jorge. Hablar con él de fútbol es un entretenimiento de rango solo ligeramente superior a escucharle hacerlo por la televisión. La principal diferencia entre una situación y otra es que, teniéndolo delante, responde a tus preguntas. ChatGPT ya ha conseguido que la información sea interactiva, pero falta por saber si hará lo propio con el conocimiento.

«Hubo partidos en los que jugamos mejor que en aquel —admite—, pero en términos de emoción ese choque ante el Borussia supera a todos los demás. Para mí, es la máxima expresión de aquellas remontadas, a pesar de que el nivel de heroísmo no se corresponde con el del fútbol. Las sensaciones que experimenté esa noche no las había tenido antes, y tampoco las volvería a tener más tarde».

¿No estará exagerando? Al fin y al cabo, el hombre que tengo delante ha jugado y ganado la final de un Mundial junto a su amigo Diego Armando Maradona, y ha marcado un gol en dicha final. Él insiste: «Sigue siendo más especial lo que viví contra el Borussia que lo que viví en la final del Mundial. Prefiero las sensaciones que viví al marcar cualquiera de mis dos goles a Sude. En la final de un Mundial no eres ni local ni visitante. La mitad de los que están son locales más o menos neutrales. En aquella del 86, los mexicanos empezaron yendo con Argentina y acabaron apoyando a Alemania, simplemente por ver una prórroga y así poder disfrutar de otra media hora de fútbol. En una final del Mundial, tienes que recordarte continuamente dónde estás. En aquel partido del Madrid contra el Borussia, en cambio, no había duda alguna de dónde te encontrabas, y si alguna vez te despistabas tenías a ciento veinte mil personas (porque el estadio estaba a reventar, con miles y miles de espontáneos que se habían colado sin localidad) recordándotelo en todo momento. Eso es lo que no consigo sacarme de la cabeza: el modo en que te veías arrastrado por esa marabunta que, a pesar de que meter un 4-0 a los alemanes era misión más que imposible, estaban todos allí, uno a uno. Ciento veinte mil locos poseídos por una confianza absolutamente insensata en que aquello era posible».

Como se ve, la fe ciega del Bernabéu, convertida en desencadenante de noches épicas, no es cuestión de antes de ayer. Los más jóvenes no podrán interiorizar tan fácilmente que todo forma parte de la misma corriente deportiva y sociológica, aunque parte del cauce haya transcurrido bajo tierra en algunos tramos. Los protagonistas de las remontadas recientes (de Vinícius a Valverde, pasando por Modrić o Bellingham) no son más que eslabones en la cadena de una mística intransferible de la entidad.

La fecha es el 11 de diciembre de 1985. A fin de obrar lo irrealizable, que, no obstante, contaba como cosa de cumplimiento inexorable para miles y miles, Molowny alinea a Ochotorena, Míchel, Camacho, Maceda, Salguero, San José, Juanito, Butragueño, Santillana, Gallego y Valdano.

Es un once fascinante, mediatizado en gran medida por las bajas. Gordillo no podía jugar al estar sancionado tras haber perdido los nervios en medio de la humillación del partido de ida: había escupido a un rival. Tampoco eran de la partida Hugo Sánchez ni Sanchís. El Madrid empieza el partido con dos de los más destacados componentes de la Quinta del Buitre, Míchel y el propio Butragueño, más un componente de una camada anterior del filial casi homologable como miembro de la propia Quinta. Hablamos del finísimo centrocampista Ricardo Gallego, futbolista de la estirpe parsimoniosa y cerebral de la academia blanca, como Velázquez o Del Bosque.

Junto a ellos, llegó la hora de los veteranos. Juanito y Santillana eran en ese momento suplentes de lujo de los delanteros titulares; de repente, convocados por las circunstancias, debían dar un paso al frente. Estuvo bien que así fuera. Era un partido para la vieja guardia, la que, incluyendo al infatigable Camacho, estaba destinada a urdir la conjura perfecta. Otros veteranos de perfil más bajo, como San José o Salguero, debían también dar un paso al frente. San José estaba lesionado, pero jugó infiltrado.

El cuadro se completaba con Valdano, titular indiscutible en el once titular habitual junto con el Buitre y Hugo Sánchez, y Antonio Maceda, central de la selección española fichado por el presidente Ramón Mendoza tras desempeñarse como puntal de la selección española en el subcampeonato europeo de 1984. Maceda no tendría suerte con las lesiones. Su actuación en el partido al que nos referimos queda para la historia, acaso, como su actuación más memorable. Marcó goles decisivos con la selección —dos en aquel inolvidable 12-1 a Malta, y otro lanzándose en plancha contra Alemania en semifinales de la Eurocopa—. No marcaría en este partido frente al Borussia, pero daría toda una lección de jerarquía.

Como ha sido dicho, la remontada europea de la que hablamos no había sido la primera (habría que remontarse a noches míticas de los setenta y primeros ochenta, contra el Celtic de Glasgow o el Derby County) ni sería la última. Parece haber un patrón de conducta común a todas ellas, y en ese patrón pueden encontrase conceptos fácilmente reconocibles en las más recientes gestas de la Catorce o la Quince.

—Esas remontadas eran el triunfo de la convicción —relata Ricardo Gallego—. Eran el resultado de saber que lo habíamos hecho otras veces, y por qué no lo íbamos a poder hacer ahora de nuevo. Se trataba de jugar muy intenso, y utilizar los partidos anteriores para preparar el encuentro en cuestión. El partido previo lo usábamos para eso. Y nos daba igual, jugáramos contra quien jugáramos. «Oye, en el próximo día hay que intentar meter tres goles en los veinte primeros minutos, o dos en la primera media hora, o lo que sea. Vamos a intentarlo a manera de ensayo, a ver qué tal nos sale».

—¿Lo hacíais así?

—Sí. En ese partido de liga del domingo, que antecedía al de la deseada remontada europea del miércoles, lo que intentábamos era meter esos dos goles que el miércoles íbamos a necesitar en la primera media hora. Y nos llenábamos de confianza de este modo. «Oye, pues mira, lo podemos hacer». Y de ahí sale nuestra convicción, y además así veíamos en qué nos podíamos equivocar, medíamos los riesgos. Porque todas estas remontadas llevaban consigo un riesgo: que no te pillen al contragolpe, que no te equivoques defensivamente, que no te metan un gol que pudiera ser fatal..., ¡yo qué sé!, cosas que había que preparar antes. En aquella época, a lo mejor me equivoco, porque han pasado muchos años, pero normalmente no se reservaba a nadie de cara a jugar luego ese partido decisivo. El domingo jugaban los que iban a ser titulares el miércoles, precisamente para poder ensayarlo todo bien. Si había un partido de liga, jugabas ese partido de liga, aunque luego el miércoles tuvieras que jugar la remontada; no se buscaba un ahorro de esfuerzos. El ritmo que te da un partido no te lo da el entrenamiento. Todos queríamos estar preparados. Y jugábamos el partido previo, ya te digo...

—Con el mismo espíritu con el que ibais a afrontar la hazaña europea.

—Efectivamente. La idea era que el domingo fuese un ensayo lo más fiel posible de lo que el miércoles sucedería.

Contrastamos esta idea con Isidoro San José, otro de los hombres presentes en la hazaña contra el Borussia. Como ha sido dicho, San José llegó lesionado a ese partido, pero, en clara muestra de la clásica resistencia madridista al dolor, decidió jugar.

—Aquel partido lo jugué con una hernia discal e infiltrado, me pusieron una inyección epidural en la espalda... Jugué un tiempo hasta que se me pasó el efecto de la anestesia, porque ya no podía más. Se me pasó la anestesia y tuve que dejarlo, ya no sabía si las piernas tiraban para un lado o para el otro [risas]. Me sustituyeron por Cholo [no confundir con Simeone]. Pero, bueno, es anecdótico. Es como esas fotos antiguas en las que salían los jugadores con cabestrillo, la cabeza vendada... Ese partido del Borussia yo lo recuerdo como un padecimiento infinito, porque pasamos en el último minuto con el gol de Charly (Santillana), pero hasta ese último minuto estábamos eliminados.

—¿Cómo se preparaban aquellas remontadas? Siempre se habla del espíritu de confianza colectiva que insuflaban entre sus compañeros tipos como Camacho o Juanito. También se comenta que había un decálogo de las remontadas, con una serie de mandamientos: la primera patada tiene que ser nuestra; el primer tiro fuera tiene que ser nuestro también, y tiene que resonar contra la valla publicitaria...

—En ese apartado hay muchas leyendas. Sí es verdad que metíamos mucha intensidad, y en parte remontábamos gracias a ella. El partido del Anderlecht, por ejemplo. Recuerdo salir del partido en una nube. «Joé, cómo hemos jugado». «Magnífico, todo estupendo». Al cabo del tiempo, he vuelto a ver ese partido y ni jugamos excesivamente bien ni nada, lo que pasa es que metíamos una tensión al equipo contrario que no le dejábamos pensar.

—Eso es verdad, ¿no? No es que técnicamente fuesen grandes partidos. La clave estaba en otra cosa.

—No. Imprimíamos eso: una gran intensidad. Teníamos que llegar a la portería como fuese, con un patadón, con un centro, con lo que sea. Y la verdad es que ha habido muchos mitos, entre ellos las charlas que teníamos. Yo recuerdo que Molowny, que en paz descanse, nos daba unas charlas excelentes. Yo creo que si no ha sido el mejor ha sido uno de los mejores entrenadores que ha habido. Era algo así como: «Ustedes son profesionales, la gente que llega al Madrid lo es. No sé qué les va a enseñar un entrenador como yo». Nos decía la alineación, el once que iba a jugar y añadía: «Chicos, ¿qué queréis que os cuente? Sois profesionales, cada uno ya sabe lo que tiene que hacer». Tenía toda la razón. Éramos profesionales y ya no podíamos ir con el «es que usted me dijo...». No. «Vosotros haced lo que sabéis», y eso es justamente lo que hacíamos. Nos dio muy buenos resultados, pero hubo gente que aprovechó para decir: «No, es que luego dábamos charlas después de las charlas». «No, después de las charlas nos quedábamos y hablábamos nosotros». «Se iba Molowny y entonces es cuando preparábamos el partido». No es verdad. Alargábamos un poquito más la charla, pero insisto: ha habido algún jugador de la época que se ha querido colgar medallas diciendo que era él quien daba las charlas de verdad. Mentira. Y no voy a dar nombres porque hasta ahí puedo llegar.

También tenemos la oportunidad de ser partícipes de la visión retrospectiva que tiene de estas remontadas históricas Carlos Alonso «Santillana», el gran protagonista, con su gol en el último instante, del partido que hemos elegido como el más representativo de aquella serie.

—Yo lo que sé es que el partido de vuelta empezaba cuando terminaba el partido de ida. Para nosotros, digo, mentalmente. Por ejemplo, la frase esa de Juanito que ha sido tan famosa: «Noventa *minuti* en el Bernabéu son *molto longos*». La historia es la siguiente. Nos habían ganado 3-1 los del Inter. Y el camino desde el campo hasta el vestuario era muy largo; ponían como un túnel de estos de lona, íbamos, pero sin exagerar, unos ciento cincuenta metros o así, ¿no? Íbamos andando, ellos por un lado y nosotros por otro. Claro, cuando ellos nos ganaron ese partido 3-1, todos venían: «¡Les ganamos!». Todos muy contentos, celebrando. Entonces, Juanito se volvió hacia... no me acuerdo quién fue, si Altobelli o Bergomi, uno de estos; se volvió para decirles: «Sí, reíd, reíd, que noventa minutos en el Bernabéu son muy largos, os vais a enterar». Salíamos sabiendo que habíamos jugado muy mal, que esos que jugaron ese partido no éramos nosotros y que nosotros en el Bernabéu dábamos la vuelta a lo que habíamos demostrado ese día, ¿no?

—¿Cómo lo hacíais para que se fuera asentando esa confianza?

—Analizábamos un poco el equipo y decíamos: «Joder, podemos, tío, si nosotros jugamos en el Bernabéu como sabemos, jugando por las bandas con Míchel, con Valdano y yo para rematar de cabeza, el Buitre allí haciendo paredes, buscando penaltis..., yo creo que lo podemos hacer, que lo podemos intentar; es muy difícil, pero se puede intentar y se puede hacer». Entonces, ¿qué era lo más importante? Que nosotros desde el momento en que terminaba el partido allí creíamos en ello, o sea, creíamos que se podía hacer.

—¿Hubo algo de suerte en esas remontadas?

—Sin algo de suerte no consigues nada. Nos tenía que

acompañar la fortuna, claro. En fútbol, si te meten un gol nada más empezar, ya se acabó. Lo que sí entrenábamos antes era la presión, es decir, nosotros sabíamos que teníamos que jugar contra el Borussia y contra el reloj, porque, claro, si hay que meter tres o cuatro o cinco goles a equipos como Anderlecht o Borussia... Había que robarle tiempo al tiempo. Entonces, ¿qué hacíamos? Pues crear presión, al árbitro, al equipo contrario, no dejándoles salir jugando de atrás. ¡Eso suponía un esfuerzo enorme! Porque, claro, eso puedes aguantarlo sesenta minutos, setenta minutos, pero ¿noventa? Te meten un gol y se acabó. Y luego, en la semana del partido, la mentalización que teníamos en el hotel, en los entrenamientos, era tremenda. En el hotel nos comíamos el coco de una manera brutal, hacíamos reuniones improvisadas...

La del Borussia es la madre de todas las remontadas. El partido está entero en YouTube. Sobre el campo pende una bruma permanente. Puede ser la niebla de un día de diciembre en la fría Madrid, pero más bien parece el aliento reconcentrado, espeso, tangible, de ciento veinte mil personas, o las que fuesen, porque ahí no cabe un alfiler. Los que estuvieron esa noche en el Bernabéu recuerdan a la gente sentada en las escaleras que conducen a las localidades; hacinada en los fondos, de pie, sin cesar de cantar; arriba, en el gallinero, apretados contra las rejas en entradas de bajísima visibilidad. Si el Madrid no hubiera logrado la gesta de levantar el 5-1 de la ida, este partido seguiría constituyendo un fenómeno sociológico de primer orden. Estamos en 1985 y se está forjando la comunión entre el Real Madrid y su público, que será trascendental en el logro de nueve Champions Leagues, con las plantillas que mucho después lograrán juntar Lorenzo Sanz y, sobre todo, Florentino Pérez. Es una corriente subterránea de fe que aflora en estas ocasiones, y que probablemente sea eterna, o que al menos dure tanto como dure el club o como dure el mundo.

Uno de los mandamientos esenciales de aquellas remontadas, dentro de ese decálogo que en realidad no sabemos a ciencia cierta si existía o no, es marcar un gol pronto. El primero de los cuatro que hacían falta (suponiendo que el Borussia no marcara ninguno) tarda exactamente cinco minutos en llegar. Juanito, que jugó un partido antológico, caracolea entre la banda y el lateral del área, para finalmente meter un centro que es un adelanto de la Navidad, si bien embadurnado con una tensión totalmente ajena al concepto de armonía y paz entre los hombres de buena voluntad. Valdano se desmarca al primer palo y remata con un giro amplio del cuello para que la pelota salga totalmente cruzada hacia el otro poste: 1-0. El objetivo de meter el miedo en el cuerpo a los alemanes desde bien temprano está cumplido.

El segundo objetivo se enuncia de manera bien sencilla: meter más miedo todavía. Tal cosa sucede no mucho después, en el diecisiete, cuando Juanito bota una falta cerca de la frontal del área. Lo hace con el exterior, recurso técnico excelso que en el club blanco frecuentarían Laurie Cunningham, coetáneo de Juan, y años después el inimitable y trascendental Luka Modrić. En esa misma portería, en 2022, aprovechando un pase para esculpir de Modrić con el exterior, Rodrygo salvará los muebles de una eliminatoria cardiaca frente al Chelsea.

Pero aún estamos en 1985. Se nos disculpará. Hay tal sensación de continuidad en estas remontadas que en el fondo todas son la misma. Decíamos que Juanito saca la falta con el exterior. En el segundo palo, Valdano salta como un titán y vuelve a cabecear a la red: 2-0. En ese momento, el Borussia Mönchengladbag es una escuadra aterida por el pánico.

Es curioso porque realmente, de aquí al arreón final donde caen los otros dos goles, el Madrid no desencadena ningún torrente ofensivo que sea futbolísticamente memorable. Valdano coincide: «Lo que hicimos durante los noventa minutos fue meter una presión brutal al Borussia. Pero teníamos demasiada prisa y bombeábamos demasiados balones. De este modo, hay un largo rato en que el partido queda aletargado».

Es una magnífica descripción, como casi todas las que vienen de Valdano. Durante buena parte del segundo tiempo, parece que el milagro no va a suceder. El Madrid no consigue generar ocasiones y los milagros, generalmente, no ocurren, de forma que todo tiene un triste sentido que se parece mucho a la resignación. Sin embargo, ciento veinte mil almas hirviendo de anticipación no pueden irse a casa insatisfechas. Una bruma extraña, desasosegadora, medieval, sigue flotando sobre el estadio, inundando sus vomitorios, como el prólogo de una aparición del kraken.

El tercer gol tiene esa extraña cualidad que décadas después sintetizará en rueda de prensa Thomas Tuchel, a quien ya citamos antes: «Los goles del Madrid no se ven venir». Tuchel tiene por entonces doce años y aún no sabe que un día dirá eso, en la previa del Madrid-Bayern de Joselu, pero sus palabras son retrospectivamente proféticas, si cabe tal cosa. Valdano (es siempre Valdano en este partido) mete un centro al área desde la izquierda. Santillana remata según viene, y probablemente es lo imprevisto del remate lo que más juega a su favor. El balón da un bote desconcertante en el muslo del guardameta alemán y, por la fuerza imprimida a la volea, sube y pega contra la parte superior de la red. Es el minuto setenta y siete y el Bernabéu enloquece. Los que estuvieron allí esa noche hablan de una atmósfera de aquelarre.

El Madrid va a tener esta vez la delicadeza de no marcar el gol en el descuento, ni siquiera en el último minuto, sino en el penúltimo. La excitación y la adrenalina se palpan desde el sofá, frente a la televisión. En los jugadores blancos es tangible la angustia del tiempo que se acaba, pero más aún lo es la desolación en las filas germanas porque el tiempo no se acaba. Como siempre en estas situaciones, temes que hoy no entre el segundo gol de Santillana.

Hay un saque de banda de Camacho. Hace gestos ostentosos para que alguien vaya a un punto determinado, que es donde el de Cieza quiere ponerla con las manos. Ese alguien, claro, es Valdano. El argentino toca de cabeza, hacia atrás, por donde aparece Míchel, que remata según le viene con la izquierda. Sude vuelve a rechazar como puede, pero Santillana anda por ahí. El viejo pirata cántabro (otra vez los cántabros), en boca de gol, da tres toques tan rápidos que parecen solo uno. El primero es para cerciorarse, en la confusión, de que el balón está a sus pies. El segundo, acosado por el central y a centímetros del portero, es con la izquierda, para acomodarse por puro instinto, en milésimas de segundo, el balón para el toque final, que vuelve a ser con la derecha, como el primero. El estereotipo dice que lo marcó con el alma, o que este cuarto gol lo consigue el propio Bernabéu. Es mentira. Lo marca el supremo olfato goleador de una leyenda. Bueno, está bien: con la ayuda de su alma y de otras ciento veinte mil ánimas en trance.

Los que estaban allí dicen que no han escuchado jamás un estruendo mayor. Hay una foto célebre, la de la pila de cuerpos extenuados y felices que se amontonan sobre Santillana. En la foto se ve a Gallego con los brazos en alto, a Salguero emprendiéndola a puñetazos con la niebla, a Butragueño y a algún otro compañero aplastando a su delantero. La sonrisa de Charly habla libros, y es extrañamente serena. No encuentro en la foto a Valdano.

—Y no me busques en ella —apunta él—. No recuerdo lo que hice en ese momento, pero todo indica que me puse a correr sin sentido, sin rumbo. De otro modo, no habría llegado hasta la posición de Ochotorena, nuestro portero, que me frenó con su abrazo. Yo creo que, si no llega a abrazarme, habría abandonado el estadio y habría seguido corriendo por Concha Espina. Hay un hueco en el tiempo desde el momento en que Santillana marca y el instante en que me encuentro, súbitamente, en los brazos de Ochotorena. Fue como despertar de una hipnosis cuando me vi pegado a él. Como volver de una enajenación mental transitoria, pero absoluta.

Pero ¿por qué corrió?

—No puedo precisarlo, dado que no tengo memoria exacta del momento. Pero creo que huía del terremoto, porque la tierra vibró con el estruendo de los miles de personas congregadas en torno al milagro. El ruido era irreal, y siguió siéndolo durante largo rato. Yo te puedo asegurar que nadie se movió de allí por lo menos hasta media hora después de que el árbitro señalara el final. Hasta ese momento, no había visto nada igual en términos de comunión entre una grada y un equipo.

«Hasta ese momento». Con los años, hemos llegado a ver muchos momentos parecidos. City. Chelsea. PSG. Bayern. El Bernabéu como lugar donde lo extraordinario es rutina, como dijo una vez Jesús Alcaide.

Ya antes de hablar con Valdano de este partido, le había oído decir alguna vez que fue el momento donde su alma abrazó el madridismo para siempre, sin solución. Asiente.

—Me subí a la ola, y la ola me arrastró hasta hoy.

11

Cómo jubilar un estadio

El 10 de mayo de 2017, Karim Benzema produjo el mayor destello de clase e imaginación madridista que se ha visto sobre un campo de fútbol. Cuando decimos el mayor, queremos incluir un compendio de todo: el más bello, el más complicado, el más determinante y el que tiene lugar en un contexto de mayor relieve, nada menos que unas semifinales de Champions League cuando su equipo, además, estaba con el agua al cuello.

Bien, ha habido otros. No vamos a discutir ahora. Sí, la volea de Zidane en Glasgow. Sí, la chilena de Bale en Kiev, saliendo del banquillo. Hay varios momentos en la historia del Madrid que se deciden a cuenta de un chispazo genial, y que han traído consigo el acceso a una final o la propia consecución del título. En un orden algo menor de cosas, porque la competición es relativamente menor, solo por eso, está también la carrera del propio Bale en Mestalla para reventar los isquios de Bartra y dar el torneo al Madrid, todo por el mismo precio y previa salida del campo para volver a entrar en él dentro del mismo autopase. Es un gol excepcional. No ha habido otro igual, aunque asegurar esto siempre es aventurado cuando no has visto todo el fútbol que ha habido en el universo. Contentémonos con decir que es el único que se le marca así a un portero con rastas del Puerto de Santa María. La broma preceptiva en este caso es decir que más de medio gol iba ya en el pase previo de Coentrão.

Lo que hizo Benzema el 10 de mayo de 2017, con todo, tiene un punto de fascinación que supera estos instantes icónicos. El gran partido de Benzema son los tres goles al PSG, reseñados en el capítulo anterior, pero el gran instante, los mejores tres segundos de su carrera en el Real Madrid, tienen lugar en el Vicente Calderón, en la vuelta de las semifinales de la Champions que el Madrid terminaría ganando en Cardiff.

Era el último partido europeo del Vicente Calderón. El Atleti se mudaba al Metropolitano, y en el calendario europeo solo tenía por delante ese partido, sucediera lo que sucediera en él. Iba a ser el último partido de Champions en el Calderón lo mismo si el Atleti quedaba fuera que si iba a la final. Esto último se antojaba poco probable, por cuanto los hombres de Zidane habían ganado 3-0 en el partido de ida, con tres goles de un estratosférico Cristiano Ronaldo.

Sin embargo, el Madrid estaba destinado a sufrir horrores, dado que si hay algo que se le da especialmente mal al equipo blanco es defender rentas sustanciosas. Todo lo que es resiliencia y determinación cuando las cosas van mal se convierte en pusilanimidad y torpe cálculo cuando lo tiene todo a favor. El Madrid no sabe administrar ventajas relevantes, se le da mal contemporizar, hasta el punto en que no faltan las bromas entre vikingos cada vez que nos enfrentamos a un partido de ida de Champions.

—Nos interesa ganar por uno o empatar, pero nada de golear a estos, que luego en la vuelta las pasamos canutas.

Y eso sucedió exactamente contra el Atleti en aquella eliminatoria: después de ganar 3-0 el partido de ida, las pasamos canutas en territorio comanche. Se juntaron la proverbial ineptitud del Madrid para gestionar con solvencia las ventajas adquiridas con la carga emotiva de la despedida del Calderón, que el cholismo anhelaba hacer coincidir con una eliminación del eterno rival capitalino para plantarse en la final del National Welsh Stadium el siguiente 3 de junio. Bueno, lo que quería primordialmente era que el Madrid no llegara a ella. Si además se daba la circunstancia de que la derrota de los blancos implicaba que eran ellos los que pasaban a la final, pues mejor que mejor como objetivo secundario. Pero lo importante, por supuesto, era cargarse a los ciervos.

Yo me he asomado a las profundas simas
de la tierra y del cielo,
y les he visto el fin o con los ojos
o con el pensamiento.

Mas ¡ay! de un corazón llegué al abismo
y me incliné por verlo,
y mi alma y mis ojos se turbaron:
¡tan hondo era y tan negro!

No tengo la menor duda de que Bécquer se asomó a un corazón del Atleti. Seré preciso para no desatar más iras de las estrictamente necesarias: no todos los corazones del Atleti transportan un abismo tan hondo ni tan negro pero, cuando lo hacen, y no es con poca frecuencia, es la negrura y la hondura más turbia que se conoce en la esfera deportiva, una amalgama de rencor y complejo de muy complicado entendimiento. O de entendimiento demasiado fácil, ahora que lo pienso.

Los primeros minutos, a pesar de la ventaja que traía el Madrid, o precisamente por eso, dan pavor. Nada más empezar, Keylor Navas tiene que emplearse a fondo en un remate a bocajarro de Koke tras una incursión de Carrasco. Es irritante cuando las cosas suceden como las habías previsto, o sea, con las huestes del Cholo poniendo cerco al área de un equipo merengue al que el balón no le duraba más que unos segundos. Todo molestamente previsible. ¿Es que Zidane no lo sabía tan bien como yo? ¿O es que no se puede hacer nada por evitarlo? Es verdad que el Madrid la tiene a renglón seguido en un cabezazo de Casemiro que saca Oblak, acción en la que además hay un agarrón de manual sobre Ramos, pero la sensación general es que al Madrid le falta la solvencia, el cuajo para hacer valer su renta sin padecer.

La sensación se multiplica en el momento en que Saúl remata a la red un córner. 1-0 y las gradas en ebullición, emitiendo crecientes decibelios de odio. Casi no da tiempo a interiorizar que la cosa ha empezado tan mal, dado que enseguida toca asimilar que en realidad ha empezado peor aún. Se produce un inocente penalti de Varane a Fernando Torres. Lanza Griezmann. Dieciséis minutos y 2-0. Desde casa, en la televisión, el estruendo de la masa atlética cuando el francés transforma la pena máxima suena a condena inexorable. Es como si ese recinto deportivo hubiera acumulado en sus vomitorios un excedente de odio que ha guardado para la magna ocasión de su adiós.

El Madrid está contra las cuerdas. Ha perdido gran parte de su ventaja nada más empezar. Tememos en ese momento que el partido se le haga muy largo, aunque también se le puede hacer demasiado corto si sigue el ritmo de goles del Atleti por minuto. Los jugadores están histéricos. Los de Simeone, sin jugar especialmente bien, le ponen tanto ahínco que, con el apoyo de su público, se vienen arriba. Hay, empero, una circunstancia que produce algún alivio en el corazón blanco: el Cholo, desde la banda, ha pedido cabeza a sus jugadores, con gestos explícitos. Y cuando el Cholo pide cabeza es que se va a poner conservador, seguramente porque quedan muchos minutos por delante. Y, amigos, cuando el Cholo se pone conservador, el Madrid gana. O sea, que casi siempre se pone conservador.

No obstante, nada hace presagiar que va a suceder lo que está a punto de pasar. Benzema recibe un balón largo, escorado a la izquierda, prácticamente en el córner. Si paras la imagen, el plano cenital dicta que es absolutamente imposible que esto acabe en gol: Benzema de azul rodeado por tres rojiblancos en la esquina; llegando al área, otros tres jugadores del Atleti. Avanzas un fotograma y se incorpora a la foto un futbolista más, pero también del Atleti. No distingo cuál es. Se acerca premiosamente al córner, por si acaso los tres jugadores que rodean al francés necesitan ayuda. Qué tontería. Son tres contra uno. ¿Cómo van a necesitar ayuda? El caso es que son siete jugadores del Atleti contra Karim. Siete y Karim son los que entran en el plano.

Siete.

Décadas antes, en 1987, Butragueño marcó un gol increíble arrancando desde una posición parecida. La agarró desde la línea de fondo y fue sorteando rivales, en un zigzag hipnótico, hasta plantarse en las mismas barbas del portero junto al primer palo. Cómo consigue regatearle también a él, hacia dentro, sin que se le acabe el campo ni el guardameta intercepte el balón, es cuestión de brujería. Ya sin portero, la empujó a la red junto al poste. Hasta algún jugador del rival trató de abrazarle, emocionado ante el prodigio técnico y de imaginación. Butragueño, sin embargo, en su legendaria modestia, casi se azora cuando sus compañeros lo aúpan a hombros.

Es un gol extraordinario, pero es un partido de Copa contra el Cádiz y supone el 6-1 en el marcador. Lo de Benzema en el Calderón es técnicamente otro imposible, obrado también en un espacio reducidísimo de terreno sobre la línea de fondo, como el del Buitre. La diferencia es que tiene lugar en semifinales de Champions League y justo cuando más falta hacía, cuando a la amenaza de perder la eliminatoria se unía la posible vergüenza de perder a manos del Atleti una renta de 3-0. Cuando a la amenaza de la eliminación se une la del descrédito, la presión es insoportable para cualquiera. No lo fue para el francés.

Primero está darse la vuelta. Dejar a tu espalda el córner para enfocar la carretera, que en este caso es la línea de fondo. Ese primer movimiento ya es un milagro. El balón no ha sido rechazado aún por Savić ni por ninguno de sus compañeros en dirección al Frente Atlético. Tampoco ha salido despedido en esa dirección el fémur de Karim, con el caldito que se podían haber hecho.

Todo esto son ya prodigios que anteceden el recorrido infinitamente sutil del delantero sobre la línea de fondo. Podríamos usar el manido símil de la línea de fondo como cuerda floja, pero no nos sirve: el propio Karim se saldrá del campo, evitando que el balón lo haga, para llegar a triunfar en la maniobra, y si la línea de fondo hubiera sido una cuerda floja se habría precipitado al vacío. Bien pensado, en eso se parece este gol al de Bale en Mestalla: en ambos tienen sus protagonistas que abandonar el terreno de juego (Karim por el fondo, Gareth por la banda) ocupándose muy mucho de que el balón se quede dentro, para luego volver al interior del rectángulo.

Para entonces ha pasado el suficiente tiempo para que haya también un par de jugadores del Madrid en el área. Sigue habiendo siete del Atleti en los alrededores, pero al menos Karim no está solo. Con el exterior busca a Kroos, que llega corriendo a la frontal. El alemán golpea, rechaza Oblak y el rechace lo remacha Isco. Karim no marca el gol. Karim no hace algo que ni siquiera cuente oficialmente como asistencia. Sin embargo, la trascendencia técnica de la jugada, así como el altísimo voltaje del momento en que acontece, hace que aquel se recuerde para siempre como un tanto «de» Karim.

Preguntado al término del choque, él mismo dice que no sabe cómo lo ha hecho. Es un consuelo que, no siendo yo capaz de explicar bien la maniobra, el propio autor también se reconozca incapaz. Si alguien pudiera explicarlo, no habría sucedido. Nótese que, aun ignorante del mecanismo que ha hecho posible el ensalmo supremo que constituye esta jugada, el eximio atacante lionés no saca pecho ni habla de «magia», palabra manida que lo fue todavía más a resultas de este invento. No. La única vez que Karim ha hablado de magia fue para referirse el acto de ganar. «Vamos a hacer una cosa mágica que es ganar». En el Madrid no valen las prestidigitaciones si no deparan triunfos. Toda alquimia se cifra en términos de su utilidad para la victoria.

A partir de ese momento, ya no hay partido. Es un decir, porque se sigue jugando, y tanto Keylor Navas como Oblak tendrán aún que emplearse a fondo, pero hasta el último espectador del Calderón sabe que la suerte está echada con el 2-1. Imposible remontar para el cholismo. Desde el gol blanco en adelante, lo que tiene lugar es una suerte de amistoso.

Lo que hizo Karim Benzema en el último partido del Vicente Calderón es lo que yo llamo jubilar un estadio con clase. Engalanó la despedida europea del lugar como recinto deportivo (aún se jugaría un partido de liga más, de los locales frente al Athletic de Bilbao) con un artificio futbolístico memorable. Los colchoneros lamentarán tal vez que lo memorable en ese último partido europeo no viniera de ningún jugador propio, pero a buen seguro les reconfortará saber que lo llevó a cabo un futbolista de otro equipo de la capital.

Por lo demás, quien no se consuela es porque no quiere. En la rueda de prensa posterior, Simeone dijo que era grato «despedir el Calderón con una victoria». No mentía, habían ganado 2-1. El Madrid los había eliminado, pero ellos se habían llevado el encuentro. Estas manifestaciones del Cholo, que nadie señaló como ridículas, dejan clara la nula exigencia interna y externa de la que disfruta dicho club, cuyo único objetivo en la vida es quedar cuarto para estar en la Champions y, a ser posible, ganar algún derbi capitalino al Madrid. Este lo ganaron, sí...

Aunque el Atlético de Madrid se mudó al Metropolitano en septiembre de 2017, el Estadio Vicente Calderón no empezó a derrumbarse hasta casi dos años más tarde. El derribo comenzó en febrero de 2019. Durante varios meses solo quedó en pie la grada principal, mientras la M-30 ya cruzaba por lo que antaño fue el césped del templo colchonero.

En la actualidad, por donde estaba el verde tapete del coliseo atlético, pasa una autopista. El escaso metro cuadrado junto a la línea de fondo donde Benzema burló a los aguerridos defensas del Cholo ya no existe, o tal vez sí exista suponiendo que con el espacio pase como con la energía, o sea, que ni se cree ni se destruya, sino que únicamente se transforme. Una vez estuve tomando *bloody mary* y bailando en el último piso de una de las Torres Gemelas. Desde el 11 de septiembre de 2001, es un lugar que ya no existe, pero sí existen sus coordenadas en el cielo neoyorquino. Por mucho que esté enterrado en alquitrán y cada día pasen sobre su superficie miles de neumáticos, las coordenadas donde Karim asombró al mundo también, todavía, *son*.

12

El mejor Real Madrid que yo he visto (y el mejor partido en el Bernabéu)

Vale la pena abrir un inciso para recordar que el partido del cual acabamos de hablar es un partido de vuelta de semifinales de Champions. Es de cajón que siempre hay un partido de ida para otro de vuelta. En el caso que nos ocupa, se disputó el 2 de mayo de 2017, y el Madrid logró golear al Atlético de Madrid por 3-0, resultado que lograría defender en la vuelta gracias a la maquiavélica jugada de Benzema al borde del fuera de campo.

Tras compararlo con varios otros partidos redondos e históricos, he llegado a la firme conclusión de que este y no otro es el encuentro más perfecto de cuantos yo he visto en directo disputar al Real Madrid, fuera del Bernabéu o dentro de él. No meto en la ecuación el 7-3 al Eintracht Frankfurt en Glasgow, del que ya hemos hablado, porque no lo vi en directo y porque solo hay disponible un muy amplio resumen que, no obstante, no es el partido entero, lo que me impide ser categórico. Pero afirmo taxativamente que es el mejor partido del Madrid contemporáneo. Revísese y démese (¿?) la razón.

Por supuesto, es una opinión enteramente subjetiva. Tan subjetiva que la considero verdad irrefutable. Cualquiera que ose ponerla en tela de juicio (no hablo ya de rebatirla convincentemente, pues lo considero tarea imposible) se enfrentará a mi cólera más desaforada, la misma con la que defiendo, por ejemplo, que el Barcelona debe ser desposeído de todos y cada uno de los títulos que ganó durante la era Negreira si hay algo de justicia bajo el sol.

Ha habido partidos, quizá, más representativos de la legendaria resistencia a la derrota de los blancos. Ha habido momentos (por aquí estamos rememorando varios) en los que la épica vikinga ha brillado de manera más paradigmática (las remontadas de la Catorce, las viejas remontadas ochenteras con Juanito y Santillana), pero en este partido del que hablo se combina esa misma ansia irrefrenable de victoria con el juego más eficaz y a la vez preciosista.

Asimismo, podemos identificar partidos que son monumentos a la estética, en particular muchos de la era Beenhakker con la Quinta del Buitre. Pero, en este caso, descollando como ejemplos de juego virguero, son, en cambio, ajenos a la solemnidad de la épica de las grandes ocasiones.

Este partido de ida de la semifinal contra el Atleti, el 2 de mayo de 2017, lo tiene en cambio todo: corazón y pincel, cerebro y ansia, gusto y denuedo. La ocasión es magna y el juego está a la altura de la misma.

La distinción como partido redondo de aquel año se lo suele llevar la final de Cardiff del 3 de junio siguiente, el 4-1 a la Juventus. Fue, en efecto, un partido absolutamente memorable que mi llorado Antonio Escohotado defendía como «el mejor de la historia. Pocas cosas en la historia del fútbol como ese segundo tiempo. Como partido redondo se me ocurre el amargo 5-0 que le metió al propio Madrid el Milan en los ochenta, pero no fue una final, y no puedes darle el mismo valor».

No me dio tiempo a discutir esto con Antonio, en parte porque la creencia en la superioridad de la semifinal sobre la final ha ido creciendo en mí después, en parte porque la parca se lo llevó antes de tiempo, como pasa con todos, pero con Antonio un poco más.

Sí, la semifinal ante el Atleti, en la ida, es superior a la final frente la Juve, a pesar de que esta última la disfruté furiosamente en Cardiff, ciudad en la que vivía por aquel entonces. Pero hablaba Antonio de un prodigioso segundo tiempo del Madrid en la capital galesa. Lo fue. Sin embargo, el 3-0 al cholismo en la semifinal refulge más aún en la memoria, por cuanto en este caso no hablamos de un segundo tiempo muy satisfactorio, sino de una primera y una segunda mitad completamente sublimes, a lo largo de las cuales los pupilos de Diego Pablo Simeone no fueron capaces de otra cosa que intentar lesionar a las sombras que veían pasar y trataban de detener infructuosamente. Fue 3-0, pero pudo ser mucho más.

El partido es el prototipo perfecto del juego que desarrollaba el zidanesco Madrid de la 16/17. En mi opinión, dentro de la eterna década 14-24 que el club saldó con nada menos que seis Champions Leagues, el Madrid de ese año es el más perfecto, el que borda el fútbol de manera más disfrutable. Es —y esto escocerá a sus numerosos odiadores—

un Madrid donde brilla Isco. Nadie ha hecho jugar al equipo como lo hizo el malagueño. En términos de preciosismo, fue el complemento perfecto para la mítica formación Casemiro-Kroos-Modrić. Jugando entre líneas, con frecuencia apareciendo por la izquierda, consagrando un juego de posesión ajeno al inocuo tikitakismo, al que añadía un componente de verticalidad propio, Isco contribuyó como pocos a conseguir que aquel Madrid jugase como los ángeles.

Prefiero, por su irresistible carisma e identificación con el escudo, todo ello conjugado con un gran virtuosismo, al Madrid de la 21/22 o el de la 23/24. Pero, si nos atenemos a lo estrictamente futbolístico, el que ha jugado de manera más perfecta es el Madrid de Zidane de la 16/17, que ganó el doblete (Champions + liga), como después lograría Ancelotti dos veces más, pero que además se sobrepuso a lo más álgido del negreirato. Repásese también cómo, en la última jornada de liga, Hernández Hernández trata de meter al Barça en la pomada con aquellos inenarrables penaltis contra el Eibar, y se entenderá el modo en que los blaugranas tenían comprado el sistema arbitral.

El partido es un derroche de fútbol, energía e inconformismo como yo no he visto igual. Nada más empezar, el propio Isco combina de manera vertiginosa con Carvajal, que se interna con una maniobra indetectable y remata de cerca para el rechace de Oblak, que pilla por sorpresa a Benzema en boca de gol. El marcador no queda inaugurado de milagro, pero no tardará en ser mancillado. Instantes después, en medio de un salvaje asedio inicial de los de Zidane, un centro de Ramos es despejado por la defensa colchonera; llega entonces a Casemiro, en el lateral del área. Nadie sabe a ciencia cierta si lo que el brasileño pretende es lo que después va a ocurrir. Probablemente no. El hecho es que, según viene, la pega de volea contra el suelo. El bote lo remata de cabeza Cristiano, martillándolo desde el aire en la frontal del área pequeña. Gol. Los agrestes defensas cholistas comienzan a temblar como damiselas de *La edad de la inocencia*, el clásico de Scorsese.

Este relato sería más entretenido con alternativas en el juego, pero el Madrid no para nunca de jugar como le da la gana, y el Atleti ha de contentarse con admirar las evoluciones blancas con el único y magro consuelo de la patada impotente. Por ejemplo, Varane remata de cabeza ante el pasmo de los visitantes, obligando a Oblak, excelente guardameta, a volver a estirarse.

Hay una sola excepción: Keylor Navas tiene que salir a los pies de Gameiro tras un buen pase en profundidad. Es todo el peligro que creará el Atleti en medio del vendaval de fútbol orquestado por los locales. El segundo gol vikingo solo tarda en llegar porque el destino compra a veces la mercancía averiada de la retórica del débil. Modrić chuta fuera por centímetros. Siete mil catorce bicicletas de Cristiano por la izquierda acaban en un centro que Benzema remata de chilena, fuera por los pelos. La perfección no existe, pero el Madrid hace lo que quiere ante el cerrojazo que se le ofrece, e inventa algo muy parecido a lo perfecto.

La exhibición prosigue en el segundo tiempo. Lo único inquietante para los madridistas que abarrotan el Bernabéu es que el marcador no es desastroso para los intereses rivales. Es aún remontable en el Calderón. Es raro que tarde en llegar un gol que refleje la inmensa superioridad, pero en el minute setenta y tres Cristiano va a erigirse un monumento neoclásico a sí mismo. Las cifras del de Madeira son suficientes para encumbrarlo como uno de los más grandes de todos los tiempos. Nueve años en el club más importante de la historia a razón de más de un gol por partido es una bestialidad fuera de cualquier expectativa (spoiler: nadie más lo volverá a hacer). Las cifras están ahí. Pero lo que está a punto de hacer ejemplifica como pocas otras jugadas su enormidad cualitativa. Lo que está a punto de hacer es menos espectacular y a la vez crucial que su sempiterna chilena ante la Juve, un año después; es menos asombroso que aquel gol de tacón desde su casa en Vallecas. Es menos pasmoso que otros. Pero habla libros sobre su instinto y su capacidad para el disparo.

Marcelo mete un balón para Karim en la frontal. El francés trata de buscar a Cristiano, pero la trayectoria se envenena por el esfuerzo defensivo de Filipe Luís, que llega a tocar la pelota. El balón queda a la altura de la cabeza del portugués. Cualquiera hubiera tocado con la testa para adelantarse la pelota y avanzar hacia Oblak, pero CR7 ejecuta un alarde de sabiduría propio de un fuera de serie. No, mejor dejar botar la pelota. Para que esta pueda hacerlo libremente, sometida tan solo a la gravedad, impulsa el cuerpo para atrás, evitando el roce, mientras arma la pierna. Los antiguos hablaban de trallazos que quitaban las telarañas a las escuadras de las porterías. No es el caso, el Madrid ha marcado demasiados goles en el Bernabéu como para que puedan anidar arácnidos entre los palos. Sea como sea, 2-0.

El tercero, en medio de la fiesta total, arriba en el minuto ochenta y seis y tiene por protagonista a Lucas Vázquez, que llega a la línea de fondo, la remonta y da el pase atrás. Casemiro está en el primer palo y podría haber intentado rematar, pero sabe que Cristiano viene por detrás y sutilmente la deja pasar. El portugués la para tranquilamente. Mientras el mundo entero se agita en un tumulto de emociones, él la pisa y la deja quieta. Todo a su alrededor es un terremoto, pero él la deja en medio del área, inerte. Son segundos proclives a que los nervios lancen por el desagüe el cumplimiento de lo que está escrito. Finalmente, la mete con una calma que deja perplejo, rasa y floja, por el hueco que le dejan Oblak y la multitud de piernas congregadas.

La participación de Casemiro en los dos goles es llamativa (en el primero asistiendo a CR, en el segundo dejándola pasar muy inteligentemente), y habla de un jugador que fue mucho más que solo solidez defensiva en el centro del campo del Real Madrid. Casemiro es un jerarca apabullante. Cabe preguntarse, sin que sea ningún despropósito, si hablamos del mejor mediocentro defensivo de la historia del club.

Estas cosas no hay más remedio que dilucidarlas comparativamente, para lo cual es preceptivo elaborar una selección histórica con aquellos que potencialmente pudieran competir con Casemiro por este título oficioso.

Por edad no vi jugar a Pirri, pero a todos nos consta su justificadísima condición de mito del madridismo y emblema de sus valores esenciales: el pundonor, el arrojo, la resistencia a la derrota, todo ello aderezado por la imprescindible calidad técnica necesaria para jugar en el Madrid. Pirri aparecerá con más detalle en este libro, más adelante. Lo cierto es que Casemiro representa también a la perfección esos mismos valores, a los que añade un palmarés acerca del cual Pirri no puede competir con el brasileño. Pirri tiene una única Copa de Europa, una de las más plausibles, la Sexta del Madrid yeyé e íntegramente español. Pero Casemiro tiene cuatro, y fue decisivo en tres de ellas (seguidas) de manera plena, amén de puntualmente decisivo en aquel partido de Dortmund que estuvo a punto de bloquear el camino hacia la Décima. El ceutí disfrutaba una versatilidad que le permitía jugar tanto de mediocentro como de líbero, lo cual habla elocuentemente de su grandeza como jugador, pero juega en su contra a la hora de elegir específicamente al mejor mediocentro de la historia del Madrid. Casemiro es por antonomasia el especialista en el puesto.

Xabi Alonso fue la elegancia convertida en mediocentro, el periscopio en *tuxedo*, el guapo oficial de la medular. Fue además el líder de aquel Madrid de Mourinho que puso coto al dominio obsceno del Barça de Pep (y de Negreira) con la mejor Copa del Rey que se recuerda y la liga de los récords. Devino fundamental en la Décima, aunque no pudiera jugar la final, lo que no le impidió ser icónico en ella saltando al campo a celebrar engalanado como si corriera a por el Oscar. Nada, con todo, que pueda competir contra el papel definitivo de Case en cuatro Champions, amén de sus ligas y una lujosa pedrea de Supercopas y Mundiales (de clubes) varios.

Paco Gento me dijo una vez que Schuster era el mejor centrocampista que había visto en su vida, pero no necesariamente el que había tenido una mejor trayectoria en el Real Madrid, que es lo que aquí juzgamos y resulta cosa bien distinta. El pase largo y el dominio del juego de Schuster no tienen parangón en el fútbol moderno, pero en tareas defensivas, variable cada vez más importante en el centrocampismo contemporáneo, no llega a la omnipresencia de Casemiro ni por asomo. Los títulos ganados por Schuster en el Real Madrid tampoco resisten comparación alguna con la sucesión de glorias que nos dio aquel 14 blanco. El usar los trofeos conseguidos como principal medidor de la trascendencia de un jugador concreto tiene su trampa, ya lo sé (tal vez sus compañeros fueron/son muchos mejores que los que les tocaron a otros), pero me sigue resultando el más objetivo de los parámetros siempre y cuando el jugador en cuestión haya tenido una importancia objetiva en esos logros y no se haya circunscrito a ser un comparsa que se limita a aprovechar el desempeño de sus colegas.

Sí, ya lo sé. Está Redondo, pero incluso un superclase de su magnitud palidece al lado de la efectividad indesmayable de nuestro protagonista. Lo hace, sobre todo y de nuevo, en virtud de los títulos logrados por uno y otro. Dos ligas y otras tantas Champions contemplan al argentino, lejos de Casemiro. Nadie ama más que yo al hombre que se pedía el centro del campo para él solo y se las bastaba y sobraba para gobernar los partidos desde allí. Nadie se extasió más que yo con el taconazo de Old Trafford. Los gustos personales cuentan poco, con todo, en este intento científico de designar el rey absoluto del círculo central vikingo. Fernando tiene el (merecidísimo) culto, Carlos Henrique tiene todo lo demás. La única razón por la que puede esgrimirse una preferencia por Redondo es que «a mí me gusta más». A lo mejor a mí también, pero a quien tiene que gustar el ganador de esta competición absurda que acabamos de convocar es a la historia del Real Madrid.

Si hablamos de jugadores de culto, hay otros mediocampistas exquisitos (Janković, Netzer) que, sin embargo, por mucho que suspiren por su recuerdo respetabilísimos *gourmets* de un Madrid boutique, no tienen en el mejor equipo del mundo una trayectoria lo suficientemente amplia como para aspirar a liderar este *ranking*. Tampoco pueden aspirar a ello futbolistas de muy largo recorrido e indudable calidad, pero que por palmarés y capacidades técnicas, físicas y/o tácticas están un peldaño (tan solo uno) por debajo del hombre objeto de este estudio. Pensamos, concretamente, en el mediocentro de la Quinta del Buitre, Ricardo Gallego. En cuanto a Uli Stielike, que alguno ya se habrá apresurado a intentar agregar a la lista de candidatos, jugó fundamentalmente como líbero.

Ya no queda nadie, dirá el lector. Bueno, sí queda. Queda el espacio de la leyenda, lo que nos mueve a pensar que, por ser el único que resta para competir contra él, es el que le corresponde a Casemiro, definitivamente.

Zárraga fue el mediocentro titular de las cinco primeras Copas de Europa. En las dos primeras finales le acompañó Miguel Muñoz en el doble pivote. Después, otros jugadores como Santisteban, Vidal y Antonio Ruiz. Cuentan que era un soberbio medio de contención, al estilo Casemiro, y que las evoluciones en ataque de los Di Stéfano, Gento y Puskás se sostenían sobre su solidez.

No vi jugar a Zárraga, salvo por los muy buenos minutos que se intuyen en los resúmenes de la mítica final de Glasgow, antes glosada. No puedo, por consiguiente, comparar sus fundamentos técnicos o estratégicos con los de Casemiro, pero el testimonio de nuestros mayores y el propio credo madridista le sitúan en lo más alto. De nuevo su palmarés (hay que añadir seis ligas a las cinco Copas de Europa, además de una Intercontinental) vuelve a hablar por él. Era otro fútbol, no puede cotejarse con el actual. Es un fútbol de leyenda porque conforma nuestros sueños sin que tengamos mucha prueba visual de su excelencia.

Modrić y Kroos no entran en la quiniela porque son otro tipo de jugador, no ocupan en el campo el puesto de Case.

El resultado de todas estas cábalas es que no parece desaforado considerar a Casemiro el mejor mediocentro defensivo de la historia del club. No sostengo que necesariamente lo sea. Sí digo que sostenerlo no se antoja ninguna barbaridad.

De todos modos, el hombre del partido es Cristiano. Creo sinceramente que no es solo el mejor encuentro que le he visto jamás al Madrid —respondiendo al *catenaccio* cholista con infinitas dosis de técnica y paciencia—, sino el mejor de los numerosos partidos espectaculares que el astro jugó con la blanca. De este encuentro es su famosa foto sentado sobre una valla publicitaria a ras de césped, mirando a la grada con su sonrisa de espadachín de cine mudo, disfrutando como un niño, casi maliciosamente incrédulo ante la adoración que es capaz de producir en las masas, a pesar de haber trabajado muy duramente en pos de ese objetivo, a pesar de no haberse avergonzado jamás de que esa y no otra ha sido siempre su meta: conquistar muchedumbres, lograr que millares de corazones le rindan pleitesía. Su indudable egolatría, como la de Mourinho, siempre estuvo al servicio del colectivo. Si lo que se busca como destino último es el bien del Madrid, y siempre fue así en el caso de este superprofesional, ¿quién le reprocha esa vuelta en la rotonda? ¿Quién le echa en cara que busque continuamente su imagen en el espejo si esa obsesión no solo no le distrae del bien colectivo, sino que se convierte en un medio para su consecución?

Cristiano no es el jugador al que más quiero de cuantos he visto jugar en el Real Madrid (Roberto Carlos y Modrić serían los máximos candidatos a ese puesto de dudosísima relevancia). Su arrogancia me impide quererle tanto como desearía. Pero ¿qué le importa a él mi amor? Él es un adicto a la veneración de las gradas repletas, no de la de un escritor cualquiera. Lo que sí digo es que es el atacante más grandioso que han visto mis ojos jugando en el Santiago Bernabéu. Si al Jesús Bengoechea de dieciocho años le hubiera visitado un pitoniso, para contarle que llegaría al club de sus amores un delantero capaz de estar casi una década marcando goles a razón de más de uno por partido, este escribidor le habría mandado a templar gaitas. Si el pitoniso hubiera añadido que mis ojos verían jugar en mi equipo a un tipo cuya inmensidad cualitativa y cuantitativa le hubieran aproximado a las dimensiones que antaño alcanzó Di Stéfano, le habría sugerido que se fuese a fabular a otra parte.

Di Stéfano y Cristiano (en sus registros, en su liderazgo, en su perfeccionismo, en su inigualable calidad, en su visceralidad sobre el césped, incluso en sus maneras destempladas de marcharse) guardaron indudables similitudes. Ambos cometieron tal vez el error de creer que podían ponerse a la altura del Real Madrid y hablar con él cara a cara. Afrontémoslo: si hubo alguna vez alguien que pudo aproximarse un poco a la posibilidad de arrogarse tal prerrogativa legítimamente, fueron ellos dos.

13

El arte de estar nervioso en los penaltis

Hay dos tandas de penaltis célebres (y celebradas) en la historia contemporánea del Real Madrid. La primera ocurrió el 28 de mayo de 2016, ante el Atlético de Madrid, en Milán, y desembocó en el logro de la undécima Champions League para los blancos. La segunda fue el 17 de abril de 2024 en el Etihad Stadium, ante el Manchester City, en la vuelta de los cuartos de final de la misma competición. Hay un solo jugador común a ambas tandas de penalti: Lucas Vázquez.

Para abundar en la creación del vínculo entre una tanda y otra, Lucas optó además por poner en escena sendos juegos de habilidad con el balón en su camino hacia sendos puntos de penalti, tanto en Milán como en Mánchester. Ambas conductas, que en ambos casos fueron interpretadas como manifestaciones de un carácter de hielo, completamente ajeno a los nervios que se suponen en un momento así, acabaron con Lucas poniendo el balón en el punto de penalti, mirando fijamente al portero (Oblak en

Milán, Ederson en el Etihad) y ejecutando el lanzamiento desde los once metros a la perfección, marcando en ambas instancias.

En el Giuseppe Meazza, el gallego comenzó a hacer girar el balón sobre la punta de su dedo índice, en juego malabar que dejó pasmados a sus compañeros por la tranquilidad que esa actitud parecía denotar. Para ser sinceros, sus compañeros ya quedaron estupefactos cuando Lucas fue el primero en postularse a lanzar, dado que era un jugador muy novel aún como para manifestar semejante arrojo. «Quiero hacer algo importante», contó Jabois, en la crónica de la intrahistoria, que Lucas había dicho ante los ojos asombrados de tipos como Cristiano o Ramos. Vaya si lo hizo.

Todo el mundo alabó la enorme entereza psicológica de Lucas en su camino al punto de penalti, no solo por ser el primero en tirarlo (hablamos de Milán), lo que ya muestra gran personalidad, sino por lo de los malabares. La imagen del balón dando vueltas, teniendo la punta de su índice como centro de gravedad, dio la vuelta al mundo y se convirtió en icónica. Con toda justicia, por supuesto, y nadie quiere a Lucas más que yo por haberse atrevido a dar ese paso (y, sobre todo, por haber marcado gol, tampoco seamos hipócritas), pero tengo una teoría ligeramente diferente que el jugador, al ser preguntado al respecto, ni ha desmentido ni ha confirmado, pues asegura haber estado demasiado centrado en lo que tenía por delante como para acordarse de que hizo eso, mucho menos de las razones para hacerlo. Es mi teoría, en todo caso.

Mi teoría es que Lucas, lo pareciera o no, estaba nerviosísimo. ¿Cómo no iba a estarlo? Una de las razones por las que le queremos es precisamente porque, estándolo, fue capaz de superar ese atenazamiento y lanzarse a tirar. Lo que hizo al empezar a darle vueltas a la pelota fue justamente una maniobra para tratar de dejar de estar nervioso. Es decir, no hizo los malabares por no estar nervioso: los hizo por estarlo, y esto no solo no disminuye su condición de mito en ese momento y en ese lugar: al contrario, la acrecienta.

Cuando yo empecé a hacer entrevistas, me recomendaban que tratara de adoptar un lenguaje corporal de calma: las piernas cruzadas, la mano que no sostenía el cuestionario tal vez apoyada con indiferencia en el respaldo de la silla, la mirada a los ojos, pero no inquisitiva, el gesto relajado. «Si adoptas un lenguaje corporal que no dé a entender nervios, no solamente lograrás que nadie piense que estás nervioso, sino que lograrás, de hecho, tranquilizarte».

Lo de Lucas es igual. Proyectando al exterior la idea de que no estaba nervioso (a base, en este caso, de dar vueltas al balón con el dedo), buscaba no solo transmitir a todos, especialmente a Oblak, que su corazón latía incluso más despacio de lo normal, sino lograr, de hecho, disminuir el ritmo de sus pulsaciones. El lenguaje corporal es una profecía autocumplida. Aparentando a través de este que estás tranquilo, lograrás estarlo. Tal era el objetivo de Lucas: tranquilizarse, señal de que, al contrario de lo que considera la creencia popular, en realidad estaba histérico. Como es normal.

Le salió bien. Consiguió su doble objetivo, ignoro en qué orden: convencer a su rival de pulso psicológico, Oblak, de que tenía controladas las pulsaciones (lo que por fuerza aceleraría las de Oblak) y ponerlas bajo control a base de fingir que ya lo estaban. El resultado fue el único posible, gracias a un poco de destreza en el lanzamiento y (por qué no decirlo) a la estatua del esloveno: gol. Lucas lo celebró como si su equipo ya hubiera ganado, lo cual opera en un sentido parecido al de las carambolas con el dedo. Si actúas como si ya hubieras ganado, acrecientas las posibilidades de hacerlo. Los penaltis se lanzaban de cara a un fondo compuesto por seguidores madridistas, cosa que colaboró decisivamente en esta puesta en escena.

Marcelo, el segundo lanzador, la continuó. Primero anotó su penalti y después agitó su cuerpo y sus brazos, los pies anclados al césped, como un poseso. Si sigues celebrando como si ya hubieras ganado, vas persuadiendo a los más escépticos respecto a la posibilidad de que en realidad ya lo has hecho. Aprovechamos la ocasión para destacar la magnitud ingente de Marcelo como absoluto jerarca en la historia del Real Madrid. Llegado de Brasil en el mercado de invierno con tan solo dieciocho años, su presencia llegó a solaparse durante media temporada con la de su precursor, el todavía más inmenso Roberto Carlos. Que el Real Madrid encadenara durante más de dos décadas a los dos mejores laterales izquierdos de la historia del fútbol es una suerte que dudo que alguien merezca, quizá ni siquiera el mejor club de todos los tiempos. Claro que, más que suerte, habrá que poner semejante doble hito en el haber respectivo de Capello y Mijatović, que fueron quienes respectivamente se empeñaron en la llegada de los dos fenómenos brasileños.

Mientras el Madrid iba anotando sus penaltis, el Atleti iba haciendo lo propio, pero con un lenguaje gestual completamente opuesto. Cada vez que un jugador del Atleti (Griezmann, Gabi) anotaba su lanzamiento, solo le faltaba llevarse la mano a la frente para enjuagarse aparatosamente el sudor. Quien solo proyecta alivio difícilmente va a convencer a nadie de que tiene nada ganado en la carrera.

Llegó el turno de Bale, muy mermado físicamente. «Pero ¿adónde va? —cuentan que gritaba el médico—. ¡Si está cojo!». Para entonces, la prensa ya había declarado la guerra más vergonzosa al galés, acusándole de mentiras tan notorias como padecer una hernia o de verdades tan inanes como jugar al golf. Aterroriza pensar lo que se habría escrito sobre él si llega a fallar el penalti. Así pues, tuvo muchísimo mérito que abrazara la responsabilidad de lanzarlo, muy especialmente encontrándose tan tocado físicamente, después de ciento veinte minutos de juego titánico contra el cholismo.

Pasé años defendiendo a Bale de los ataques de los medios. Llegué a sostener, y lo mantengo, la existencia de un tufo xenófobo en muchas de las críticas que recibió un jugador superlativo, cuyo único crimen era lesionarse con demasiada asiduidad. El odio xenófobo no solo se desencadena por culpa de complejos de superioridad (sobre el negro, sobre el latino, sobre el magrebí), sino también por lo contrario. Hay odio al guiri en todos aquellos enfermizamente acomplejados por nuestra presunta inferioridad ante el mundo anglosajón, lo que obliga a todos los que llegan a España desde el Reino Unido o Estados Unidos a unirse a las tradicionales locales con especial fervor si quieren ser aceptados. Por eso se acusaba a Bale de no integrarse y no hablar español. Era mentira, por supuesto: se integraba con quien quería (sus compañeros) y hablaba español con quien quería, ciertamente no con los medios que le habían declarado la guerra desde el mismo día de su llegada. Como para sentirse a gusto departiendo con ellos en un idioma que aún no dominas del todo.

Puede que los cinco años que viví en Cardiff me marquen, en el sentido de tratar de defenderle hasta más allá de donde mereció. Soy un enamorado de Gales, y no descarto, siendo sinceros, que esto influyera, como pudo hacerlo el que conociera a sus excepcionales padres. En todo caso, en lo deportivo, ni el más sarraceno de sus odiadores puede borrarlo de las fotos más sagradas: la carrera de Mestalla, la chilena de Kiev, el cabezazo de Lisboa..., tantos golazos desde su casa o tras *sprints* imbatibles.

O el penalti del cojo en Milán, en efecto. Gareth tomó una breve carrerilla (tan extensa como la lesión le permitía, supongo) y tras un amago para desorientar a Oblak disparó con la izquierda, que *es* la buena pero *estaba* mala —por ser la lesionada—, y se echó mano al muslo no bien el balón se estrelló contra la red. Se me disculpará si echo mano de un lenguaje quizá excesivamente científico para loar sus grandiosos cojonazos.

El cuarto fue para Ramos. El Atleti seguía, entre tanto, convirtiendo también en gol todos y cada uno de sus tiros. El de Camas no falló.

Y llegó, con empate a cuatro lanzamientos anotados, un momento destinado a ser tan mítico como los propios malabares de Lucas. Juanfran frente a Keylor Navas. Hay gente que no ha caído en la cuenta de que Keylor Navas era el portero del Real Madrid en las tres Champions consecutivas. A mí me parece que está criminalmente infravalorado por muchos madridistas. Su partido de vuelta contra el Bayern en el Bernabéu, en la antesala de la Decimotercera, la ganada en Kiev, es historia de la Champions League.

El caso es que Keylor se enfrenta cara a cara a Juanfran, que será el único representante del cholismo que no decida cambiar la dirección habitual de su tiro. Lo pagó. Keylor adivinó la dirección del lanzamiento, que fue hacia su derecha. La pelota pegó célebremente en el palo, pero el tico la habría detenido de haber ido unos centímetros más cerca de su guante derecho y en dirección a las mallas. Ha habido excesiva crueldad en torno a este lance por parte de muchos madridistas, aunque es imposible soslayar la trascendencia del fallo de Juanfran, futbolista criado en la cantera del Madrid y al cual, sin embargo, en cierta entrevista, al ser preguntado por lo que le viene a la mente cuando se menciona al Real Madrid, solo se le ocurrió contestar: «Indiferencia».

Todo quedaba en las botas de Cristiano. Era su momento de gloria soñado. Hay hombres que han nacido para vivir momentos así. Pero, sobre todo, hay hombres que han nacido para triunfar en momentos así, para sobreponerse a la responsabilidad más demoledora que quepa concebir. Por algo se había guardado el portugués el último lanzamiento. Todo es demasiado hollywoodiense, si uno lo piensa con frialdad. Solo en las películas queda para el gran héroe el momento final: decidir alicate en mano entre el cable azul y el cable rojo en el sótano donde la bomba hace tictac, pelear contra el malo a puñetazos en lo alto de una cornisa que da al vacío en la escena postrera de la película. Claro que en la mente atlética el malo es Cristiano, el malo más odiado, el que ya en la final de Lisboa enseñó gratuitamente los pectorales para celebrar. Aquí también va a mostrarlos, no sin antes impulsar la pelota a la red con un disparo sencillo que aprovecha el hieratismo de Oblak. Sus compañeros corren a aplastarlo de puro gozo contra la valla publicitaria. Por entonces, ya está a torso descubierto y luce su sonrisa inmaculada.

Ya se advirtió: el único hombre en común entre esta tanda de penaltis y la del Etihad, ocho años después, es Lucas Vázquez. Aquí no tendrá el primer lanzamiento. Ya llegaremos a él, en una tanda donde cobra un intenso protagonismo Lunin. Como se recordará, porque hace bien poco de esto, el Madrid llega a los penaltis después de sufrir como nunca en su historia frente a un rival que no puede jugar mejor ni embotellarlo más, pero que se encuentra con una resistencia defensiva como jamás se ha visto obligado a desarrollar el equipo de Chamartín. Nunca en su historia tuvo el Madrid que plantear una hora (más la prórroga) de partido tan desacomplejadamente defensivo, lo que incrementa de forma exponencial el mérito y habla mejor que ninguna otra cosa del ansia de ganar consustancial al equipo y a la entidad. Hubo quien criticó el planteamiento conservador, pero el Madrid no tendrá ningún reparo en convertirse en el Numancia si es lo que corresponde hacer para pasar a la siguiente ronda. No tendrá ningún remilgo en convertirse (nótese lo que voy a decir) en el Atleti si es preciso. La grandeza del partido que precede a los penaltis consiste en ver a candidatos al Balón de Oro como Vinícius o Bellingham arremangarse y sudar tinta persiguiendo rivales hasta la extenuación. Precisamente por abrazar lo más lejano a lo que se supone que es su esencia para poder sobrevivir, este partido es la esencia del Madrid más que ningún otro. La falta de dogmatismos arrastra paradojas de tal calado. El Madrid necesita ahora ser más fuerte en los penaltis para alcanzar la semifinal.

Julián Álvarez lanza el primero y marca. No se inquieta demasiado el madridismo porque el primer lanzamiento de los blancos es para Luka Modrić, el especialista. Resulta que Modrić lanza mal y Ederson rechaza el balón. Esto no entraba en los planes de nadie, no al menos en el plan A. Empero, resulta que el Real Madrid se define también porque el plan B puede pasar a ser el A sin perder un segundo en lamentar la fugacidad de la primera opción. No se puede perder un segundo, pero se pierde porque no aparece la pelota para que Bernardo Silva, cuyo turno llega ahora para el City, pueda ejecutar su lanzamiento. El balón se ha extraviado y no aparece. En el intrincado plan de Dios —para nombrarlo habría que crear una amalgama completa de todo el alfabeto—, este detalle va a poner nervioso al fino centrocampista portugués. También contribuirá el testimonio de Kepa, el portero suplente del Madrid, que conoce a Silva de cuando jugó en la Premier, y ha advertido a Lunin que, si se queda quieto, si logra no vencerse a un lado ni a otro, tiene serias opciones de pararlo. Eso mismo hace el de Ucrania, y el tiro inocente de Silva muere en las manos del guardameta blanco. Bellingham, con sangre fría, restablecerá la igualdad a renglón seguido. Dos lanzamientos consumados por Real y City, un gol para cada uno.

Llega el turno para Kovačić, antiguo jugador blanco y, por tanto, teóricamente destinado a ejercer la ley del ex, según la cual todo aquel que ha pasado por la plantilla del Madrid y se enfrenta después a su anterior equipo está inexorablemente destinado a hacerle la puñeta. Kovačić es además, según confesión propia, el mejor amigo que Antonio Rüdiger tiene en el mundo del fútbol. Vamos a asistir a la feísima traición de una amistad, bellaquería que adoraremos por encima incluso de nuestras posibilidades, dado que el defensa alemán, desde la distancia, antes del lanzamiento, hace gestos a su portero respecto a dónde debe lanzarse para detener la pena máxima. Los amigos se conocen bien, desde sus gustos en materia de mujeres (u hombres, si se diera el caso) a sus marcas de ropa favoritas, y si han jugado juntos se conocen también en lo relativo a los lanzamientos desde los once metros. Kovačić y Rüdiger jugaron juntos en el Chelsea. El resto es conocido. Lunin hace caso al consejo de su compañero Antonio, se lanza a su derecha y detiene el lanzamiento del croata.

Al carajo la amistad.

Lunin es el héroe de esta tanda de penaltis, así como el héroe en la sombra de la Quince. En las subtramas que siempre acompañan a la trama suprema del Real, y que convierten sus logros en literatura, como una saga eterna con ramificaciones incansables, la subtrama de Lunin brilla como pocas. Lo tiene todo para que el hincha haga un aparte en su júbilo, cuando celebra, para comentar con admiración la historia de un chico cuyo país arde en la guerra, que vive a la sombra del gigante Courtois, que supera incluso el escollo de la llegada de un tercer portero (Kepa) destinado a suplir al belga por delante de él, y que triunfa en este escenario donde ya no se trata de brillar en un ejercicio de superación personal, sino de sobrepasar el escollo inhumano de la crueldad del mundo y de la crueldad inherente al propio Madrid.

Tras el fallo de Kovacić, llega el turno para Lucas Vázquez, y sucede como en Milán. Todo el mundo opina que está tranquilísimo, simplemente porque se encamina a los once metros dando toquecitos al balón. En San Siro fueron las malabares con el índice; aquí son los toques con el pie. Pero es lo mismo. Las consideraciones señaladas para sus prolegómenos en Milán sirven para el Etihad. Está nerviosísimo, razón por la cual intenta aparentar que está tranquilo con el objetivo de tranquilizarse de verdad. La estrategia, como en 2016, vuelve a funcionar. Lucas Vázquez debe formar parte de todos los quintetos lanzadores de penaltis en las tandas futuras que puedan esperar a su equipo. Engaña a Ederson. Gol.

Ya hemos cobrado ventaja. Ahora basta con hacer lo mismo que haga el City. Marcan Foden y Emerson. Me parece una horterada que los porteros tiren penaltis, pero esa es otra historia. También marca Nacho, con un aplomo encomiable. Qué ejemplar futbolista de club, y qué importante fue en algunos partidos de la Catorce y en la práctica totalidad de la Quince.

Así que la presión de marcar el penalti decisivo, el que va a meter al Madrid en la semifinal con el Bayern, la que luego será la semifinal de Joselu, recae sobre Rüdiger. Hay un guiño del hado en esto de que el momento más solemne, más tenso, más dramático, haya de ser protagonizado por el futbolista más cachondo, motejado «el loco» por compañeros y afición. Este sí es un giro audaz del guion. Rara vez en el cine resuelve el nudo de la trama el personaje diseñado para aportar el contrapunto cómico. Cómico solo en lo personal, claro. En lo profesional, Antonio puede ponerse tan serio como cualquiera, y de hecho da un poco de miedo ahora verlo tan serio encaminándose al punto de penalti, hirsuto y amenazante. A ver si hoy lo va a fallar. Pero falta el último pellizco de comedia antes de la celebración estilo Rüdiger, corriendo con las rodillas a la altura del sobaco: la pelota da en el palo, burlona, y en el postrero alarde de socarronería de una eliminatoria antológica decide ir para dentro, como podía haber decidido lo contrario.

Los futbolistas se funden en abrazos, ebrios de júbilo, con los madridistas presentes en el estadio. Cantan: «Así, así, así gana el Madrid». Lo dije: es la plantilla que mejor conexión tiene con la afición de todas cuantas he conocido en el club que tanto quiero. Aún no lo saben (o sí), pero su destino es batir al Dortmund, unas semanas después, en el mismísimo Wembley.

Pero esa es otra historia que ya ha sido contada.

14

¿Por qué no te callas?

El 13 de octubre de 1999, Raúl González Blanco manda callar el Camp Nou. Lo hace después de marcar el empate a dos con el que finalizaría el encuentro. Lo llamo «el encuentro» por no llamarlo «el clásico». Detesto esa denominación y procuro evitarla. Sé que es una marca comercial de gran éxito, pero la rechazo.

La palabra «clásico» denota una igualdad entre los dos contendientes, un balance entre dos instituciones más o menos parejas en lo deportivo y lo ético. No existe tal equiparación. Por un lado, hay un contendiente que triplica en número de Champions Leagues al otro (15-5). En un fútbol donde, no nos engañemos, la grandeza de sus entidades viene definida por la cantidad de entorchados europeos ganados, no se puede dar la espalda a esta realidad. Un 15-5 es una goleada tan rotunda que cualquier pretensión de equiparar el prestigio de los dos clubes será absolutamente artificial, en el mejor de los casos. Desde 2014, el Real Madrid ha ganado seis Champions, por una del Barcelona.

En campeonatos nacionales, la comparación es menos humillante, pero si tenemos en cuenta que un gran número de ligas las gana el Barcelona en el contexto de un sistema arbitral comprado a través del soborno del vicepresidente de la estructura arbitral durante diecisiete años (que se sepa), volvemos a encontrar que solo desde un voluntarismo exagerado se puede considerar que hay algún tipo de proporción entre una institución y otra.

No lo llamen *clásico*. Busquen otro nombre. La dimensión futbolística y sobre todo moral del Real Madrid no tiene nada que ver con la idiosincrasia culé. Está a otro nivel. El F. C. Barcelona es un ente fuertemente politizado cuyo ancestral complejo de inferioridad respecto al Madrid le ha movido, históricamente, a los mayores descalabros financieros, éticos y estéticos. En 1936 estalla la guerra civil en España. Al principio, mientras Madrid está afectado por la contienda y tiene que detener las competiciones deportivas, Cataluña está despejada y mantiene la normalidad en su calendario deportivo. Quienes componen el club blanco —o al menos aquellos a quienes el alzamiento franquista no ha sorprendido fuera de la capital sin la posibilidad de volver— intentan por todos los medios seguir jugando al fútbol. Loable pretensión, se pensará, en medio de un conflicto bélico. No para todo el mundo, como se verá.

Los dirigentes blancos logran el permiso de la Federación de Fútbol Catalana, a falta de las últimas consultas con algunos clubes, para jugar el campeonato catalán. La única pretensión de la entidad entonces presidida por Sánchez Guerra, eminente republicano, era poder continuar compitiendo, pero se había articulado incluso, para evitar suspicacias, una cláusula a partir de la cual si el Madrid ganaba el campeonato catalán, cosa no descartable, no figuraría como campeón oficial. El Madrid estaba de acuerdo. Lo dicho: solo querían seguir jugando.

La negociación estaba prácticamente cerrada. Con gran sentido de estado y espíritu deportivo, el fútbol catalán casi al completo había accedido a acoger en su seno al Madrid en medio de la guerra, en un ejercicio de responsabilidad y bonhomía muy de agradecer. Incluso, el entrenador, Paco Bru, ya había alquilado una casa en el Masnou para que el equipo se alojara durante la disputa de la liga catalana.

Sin embargo, a última hora, llegó el veto de un club sin el cual el acuerdo no podía seguir adelante. Ese club era, por supuesto, el F. C. Barcelona.

Las razones están abiertas a debate: cuestiones políticas, el fichaje de Samitier, puro miedo a que el Madrid los venciese... El hecho es que, en un movimiento oprobioso, el Barcelona bloquea la incorporación del Madrid a su campeonato local. Así, la guerra acaba con el club blanco, y solo la resiliencia de hombres como Santiago Bernabéu y Pablo Hernández Coronado permite que vuelva a emerger de la nada al término de la contienda. Y de qué manera, pero esa es otra historia.

Es la primera abyección histórica de una entidad, el Barça, que a partir del comienzo de la dictadura se aferró a una inmejorable relación con el caudillo para salir de sus recurrentes crisis financieras. Sin la intervención de Franco, no se habrían producido las dos recalificaciones de terrenos con las que el dictador salvó al Barcelona de la ruina. La entidad que se define como *més que un club* ofreció no menos de siete distinciones a Franco, entre ellas (por dos veces) la insignia de oro y brillantes del club.

El Madrid, dueño de su destino, jamás condecoró a Franco. Fue el generalísimo quien se subió a la ola del éxito merengue con las primeras Copas de Europa para aprovecharse de esa buena imagen. El Madrid nunca se valió del dictador para sus éxitos deportivos.

Son solo algunos ejemplos históricos que representan la ingente diferencia entre una y otra institución. Muchos otros episodios ominosos puntúan su historia hasta nuestros días, a pesar de sus continuas muestras de presunción respecto a sus supuestos *valors*. La más reciente ya ha sido sugerida hace escasos párrafos. En febrero de 2023, la prensa dio a conocer lo descubierto por un funcionario de la Hacienda Pública, esto es, que el F. C. Barcelona había tenido a sueldo, durante un mínimo de diecisiete años, al vicepresidente de los árbitros, José María Enríquez Negreira. En su declaración ante el ente tributario, el propio Negreira reconoció que el Barcelona le pagaba para garantizarse una «neutralidad» en los arbitrajes. Quienes aún insisten, ridículamente, en que no hay «nada probado» olvidan la existencia de tal declaración. Bochornosamente, el crimen prescribió ante la justicia deportiva y ahora está en manos de la ordinaria, pero no hace falta esperar ninguna sentencia para comprender la enormidad de la mancha que esto supone sobre el prestigio del Barça, cuyos títulos en esos años (curiosamente, los más exitosos de su historia) quedan inexorablemente emborronados por una mácula imborrable de corrupción.

¿Cómo pueden llamarlo «clásico»? Inventen otra palabra. No puede haber dos cosas más dispares que el Real Madrid y el F. C. Barcelona. Sus enfrentamientos directos tienen lugar gracias a que la cultura de la prescripción ha impedido que el Barça dé con sus huesos en segunda división, como en Italia le sucedió a la Juventus por muchísimo menos que lo que el Barça ha hecho. Un partido entre el Madrid y el Barça no es clásico de nada. Es el enfrentamiento entre una de las empresas deportivas más exitosas de la historia y un ente con sus logros deportivos también, claro, pero esencialmente marcado por la ruindad y la corrupción.

Así que yo nunca diré que Raúl mandó callar al Nou Camp en un «clásico» disputado en el Camp Nou. Diré que lo hizo en un enfrentamiento directo con el Barcelona que tuvo lugar en dicho estadio. Fue en los turbulentos noventa. El Madrid, entrenado por Toshack, que no llegaría a acabar la temporada, se presentaba con una alineación bien rara. Era un Madrid de entreguerras, que curiosamente suele ser el que más opciones tiene de ganar después la Copa de Europa. Este año no fue excepción: al término de la campaña, tras una liga desastrosa, el Madrid ganaría la Octava al Valencia, en París, comandado por Del Bosque y caracterizado por su nunca bien ponderada defensa de tres centrales.

En el Camp Nou, Toshack formó con: Illgner, Salgado, Iván Campo, Karanka, Julio César, Geremi, Redondo, Savio, Anelka, Morientes y Raúl. El Barcelona de Van Gaal lo hizo con: Hesp. Reiziger, Abelardo, Cocu, Sergi, Guardiola,

Zende, Luis Enrique, Figo, Kluivert y Rivaldo. Llaman la atención en el once culé, aparte de la abundancia de holandeses, las presencias de dos protagonistas de sendos tránsitos de un club a otro. Luis Enrique ya había estado en el Real Madrid, mientras que Figo estaba destinado a convertirse en reclamo electoral de Florentino Pérez para acabar uniéndose a las filas capitalinas. Al lado bueno de la historia, como diría Courtois.

Los de Toshack están a punto de adelantarse tras una pared fulgurante entre Raúl y Anelka que culmina el francés pateando a la cruceta, pero el primer gol llegará en una combinación plena de precisión y astucia por parte de Savio y el madrileño, que está en todas. Raúl pincha un pase aéreo en el lateral del área culé y espera a que llegue Savio, quien se interna. El movimiento de Raúl merece entrar en cualquier antología del desmarque. Primero de fuera hacia dentro para dejar espacio a la penetración del brasileño, y luego haciéndose hueco en el primer palo intuyendo que Savio podrá buscarle allí. No se equivoca. El centro lo remata de cabeza de modo inapelable: 0-1. Las cámaras enfocan al palco, pero este solo muestra un imposible duelo seudofálico entre Nicolás Casaus y Juan Onieva para ver quién se está fumando el puro más largo. *Blame it on the nineties.*

Rivaldo empatará no mucho después, y Morientes estará a punto de deshacer dicha igualada con un remate de tacón. Sin embargo, lo más llamativo sucederá en el segundo tiempo, cuando en un córner llega un testarazo de Morientes que Sergi salva entre los palos. El primer rechace del catalán es limpio, pero el segundo, cuando Geremi trata de embocarla con una segunda intentona de cabeza, constituye el penalti por mano más claro de la historia del género humano. Ante el pasmo generalizado, Díaz Vega, el colegiado, despacha la jugada con el consabido «sigan, sigan».

Hablábamos de diecisiete años en los que el F. C. Barcelona pagó religiosamente al vicepresidente de los colegiados, persona que tenía potestad en materia de ascensos, descensos, designaciones e internacionalidades arbitrales, factores todos ellos que a su vez influían enormemente en la renta percibida por estos. Por tal vía, el Barça compró el sistema arbitral. ¿Diecisiete años? Bueno, ese es el periodo del cual tenemos facturas. El 97, cuando tiene lugar este partido, está fuera del periodo en el que Hacienda detecta los pagos del Barça a Negreira, pero no faltan las opiniones que consideran que el fraude comenzó muchos años antes. El propio Jesús Gil, que no era sospechoso de ser madridista, dejó dicho a la prensa ¡en 1993! que «Negreira es el que hace ganar las ligas al Barça». Las dos ligas perdidas por el Real Madrid en Tenerife en los años 92 y 93 se decidieron gracias a arbitrajes tremendamente perjudiciales para los intereses blancos, en ambas instancias.

El partido sigue tras la manifiesta cafrada de Díaz Vega (el vídeo está en YouTube para quien quiera escandalizarse) y el Barça toma la delantera en el marcador con un gran gol de Figo. Es entonces cuando vuelve a emerger la figura de Raúl. No solamente va a salvar a su escuadra de la derrota, sino que va a dejar en la retina una imagen emblemática.

La combinación vuelve a ser con Savio Bortolini, uno de esos zurdos de culto que quedan prendidos en la memoria del *gourmet* futbolero. El brasileño filtra un balón preñado de astucia, anticipando el desmarque de Raúl, absoluto rey de esa lid. El siete blanco pasa entre Abelardo y Reitziger como el cuchillo en la mantequilla, y con idéntica suavidad burla la salida de Hesp impulsando el balón tan sutilmente por encima de su fisonomía que el balón roza su ombligo sin darle, no obstante, la menor opción de interceptarlo. El gol es tan imposiblemente delicado que merecería pósteres para empapelar habitaciones de niños de todas las latitudes, pero el póster se lo lleva la imagen inmediatamente posterior. Con descaro, con insolencia, con indisimulada sed de venganza, Raúl se lleva el índice a los labios y manda callar al Camp Nou. Por si cabe alguna duda, y para que ningún sector del viejo recinto barcelonés se sienta excluido, lo hace corriendo de un lado para otro y casi dando vueltas sobre sí mismo.

Es un simple 2-2, pero el gesto queda para siempre. En entrevistas posteriores, aún en activo, Raúl declaró tomarse aquel recuerdo como algo anecdótico y no sentirse especialmente inclinado a repetir el gesto, más bien al contrario. Es curioso cómo, en ocasiones, las multitudes idolatran actos a los que sus célebres autores apenas dan importancia.

Raúl hace mal en no dársela, y es una pena que nunca lo repitiera. Tal vez pensaba que, llevándose el índice a los labios para conminar a callar al personal, estaba respondiendo a la masa culé por los insultos que se habían escuchado contra su mujer. Pero, sin excluir este noble fin, y acaso sin saberlo, Raúl estaba asimismo enviando al F. C. Barcelona, a su directiva, a su masa social, a sus medios escandalosamente apesebrados, el mensaje de todo el madridismo.

Porque lo peor del Barça no es que en el 36 condenara al Real Madrid a desaparecer por los rigores de la guerra. No es que condecorara tantas veces a Franco. No es que cometiera cientos de tropelías (la noche del cochinillo con el acoso de las masas a Figo, el no presentarse a aquella eliminatoria de Copa, delitos fiscales, tráfico de órganos y tantos otros). No es que pagara durante un mínimo de diecisiete años al vicepresidente de los árbitros para manipular la competición. Todo esto, con ser gravísimo, no es lo peor.

Lo peor del Barça no es tampoco que una y otra vez haya salido impune ante todos estos desmanes, siendo esto profundamente indignante y descorazonador.

No. Lo peor del Barça es que encima habla, acusando al Real Madrid precisa y exactamente de todo aquello de lo que solo el propio Barça es reo: haber dispuesto del favor del caudillo, tener de su lado el poder político, irse de rositas, comprar (ja) la voluntad de los árbitros. Si Raúl calculara hasta qué punto millones y millones de madridistas harían cualquier cosa por poder exhortar al Barça y su entorno para que, al menos, tenga la decencia de callarse, no sería tan autocondescendiente con su gesto.

Por lo demás, Raúl es y será siempre Raúl. Hay un sector del madridismo que aún le racanea méritos retrospectivos. Son dejes que han quedado del madridismo reactivo, antipipero, mourinhista y/o algo esnob. Pongo «y/o» para que cada cual se busque donde quiera, y sin el menor ánimo faltón. De hecho, yo mismo me reconozco en algunos de esos calificativos, aunque jamás me reconoceré en el antirraulismo, a pesar de haber criticado alguna vez a Raúl (por ejemplo, cuando dijo que no descartaba trabajar para el Barcelona en un futuro). Nunca podré ser antirraulista o, dicho de otro modo, qué cojones, siempre seré raulista. Reivindicar la figura de Raúl es algo absurdo en sí mismo, pero qué le vamos a hacer si la humanidad es absurda en no poca medida, y resulta que hay que reivindicar a Woody Allen o Springsteen.

Raúl fue quien sostuvo la dignidad del equipo en los años mustios del tardogalacticismo-etapa-uno. Raúl González es una cosa tan grande que fue capaz de lograr que Manolo Lama tuviera alguna vez razón en algo, y fue cuando al periodista le dio por defender la figura del madrileño con aquel sarcástico (y para mí genial, las cosas como son) «el que nunca hace nada». Cada vez que Raúl marcaba, Lama soltaba una retahíla de motes despectivos que la gente había acuñado contra Raúl, sirviéndoles así de espejo de su propia cicatería. No negaré —si bien tampoco lo afirmaré, porque no lo sé— que Raúl pudo disfrutar de demasiado poder en el vestuario del Madrid. Es en ocasiones el precio que hay que pagar por la condición determinante de un mito. También le sucedió a Hierro, y, sin embargo, el malagueño disfruta hoy de un consenso de admiración que se le racanea a Raúl.

Yo no sé si el siete blanco tuvo demasiado poder entre bambalinas, si arruinó el periplo de Owen en el Madrid o si se empeñó más allá de lo razonable en que el entrenador de turno pusiera a su amigo Morientes. Me intriga saberlo, pero solo hasta cierto punto. Por encima de tal intriga, se impone con un peso específico demoledor una realidad incontrovertible. Yo era un madridista de veintitantos años que dudaba si alguna vez vería al Real Madrid ganar una Champions. Llegó Raúl y gané tres. El que quiera escatimar relevancia a Raúl en esos logros que repase los vídeos de todas aquellas eliminatorias, una detrás de otra. Ya lo sé. Ya sé que también están Pedja Mijatović (lalalalalá) y Roberto Carlos (lolololololó) y Bodo y Seedorf, y Redondo y Hierro, y Zidane y tantos otros. Pero la antorcha del espíritu blanco la llevaba ese siete enclenque y desgarbado. Discutirlo me llenaría de pudor, porque es incontestable.

Luego, como madridista, vi otras seis Champions que ya no cabe adjudicarle, pero una mínima esencia de esa alma infatigable e irreductible quedó adherida a la piel de esas taquillas, y tuvo su influencia intangible, si sirve la palabreja, como la tuvo el sentir el escudo de Santillana o Juanito o Pirri o Santamaría o don Alfredo. Extenderme en tratar de convencer de esta prueba a nadie comienza a avergonzarme. No me hagáis sacar cifras de goles; el último de ellos lo marcó cojo a pase de Cristiano, no sé si cabe colofón más simbólico. Luego se fue a jugar a Alemania, a Catar y a Estados Unidos, y creo que las cosas estuvieron bien así, frente a los que aún se rasgan las vestiduras ante su salida, presuntamente por la famosa puerta de atrás. Amar a Raúl tampoco trae consigo asumir que se fue de esa manera. Se fue cuando y como tuvo que irse. Hay un término medio entre el fan y el mojabragas pipero, quien desearía haber visto a Raúl jugar de blanco hasta el día del juicio final, aunque ya no pudiera con las espinilleras. Tampoco es eso, oigan, tampoco es eso.

Raúl fue el jugador más argentino que hemos tenido más allá de la era Di Stéfano. Tiene todo el sentido que sus descubridores/valedores/promotores fuesen dos argentinos. Fue el prototipo de lo canchero, si bien no ajeno a alguna *delicatessen* que no esperas en el jugador de barrio, o sí. Por eso no encajó con Saviola, pese a que ambos se empeñaron en encajar: Saviola era un Raúl de Hacendado. La presencia de ambos en el once era pura redundancia. Saviola pasó como Raúl vio pasar a tantos. Owen ganó el Balón de Oro, y Raúl no. Owen no triunfó en el Madrid, y Raúl sí. Lo primero estuvo mal y lo segundo bien, porque quien consiguió todo lo que consiguió se puede reír a voz en grito del fútbol-ficción en todas sus facetas. Con los «pero ¿y si...?» de Owen, y de tantos otros astros fugaces, se hace Raúl un gurruño de papel y te lo cuela por la escuadra. En el ceño de Raúl casi siempre fruncido, en su rictus empecinado, se cifraron nuestras alegrías.

15

Luis Enrique, o la furia del converso antes de convertirse

Dice Wikipedia que Luis Enrique Martínez (Gijón, 1970) es un exjugador y entrenador español que actualmente desempeña el cargo de técnico del PSG. Entre sus equipos como entrenador figuró la selección española y el F. C. Barcelona, y entre sus equipos como jugador el F. C. Barcelona y el Real Madrid. Este último dato es un disgusto que lamento mucho dar al que muchos conocen como Lucho, dado que él ha declarado en más de una ocasión que no se siente cómodo cuando se ve de blanco en las fotos.

Por el contrario, Luis Enrique dejó en el madridismo un recuerdo inmarcesible, lo que hace muy amargo el comprobar que el afecto no sea correspondido. Los que profesamos el culto al club de las quince Copas de Europa le recordamos como un abnegado peón de brega, que lo mismo acompañaba a Butragueño en la delantera que nutría el centro del campo. Incluso se desempeñó como lateral derecho o izquierdo, indistintamente, en diferentes fases de su estancia en Chamartín. Tras cinco años en dicho estadio, hizo las maletas y se fue a Barcelona, como demuestra su presencia en el partido narrado en el capítulo anterior, así como sus títulos vistiendo la zamarra blaugrana. Con la blanca también conquistó los suyos: una liga, una Copa y una Supercopa de España.

Luis Enrique dice, sí, que se encuentra raro vestido de blanco en las fotos. Yo veo las fotos, si bien descoloridas por el paso del tiempo, y me parece que de blanco está guapísimo. Es el color que lució entre 1991 y 1996 y, por tanto, más concretamente, también el 7 de enero de 1995, que es el partido que nos ocupa ahora y donde nuestro protagonista se desempeñó con mayor acierto y sentimiento vikingo. Es el partido en el cual el madridismo de Luis Enrique brilla con luz propia de forma más refulgente, hasta el punto en que se hace difícil creer que después fichara por... Se habla mucho de la furia del converso, pero el partido que nos ocupa deja patente que a veces no hay furor más visceral que el del converso antes de convertirse.

El 7 de enero de 1995 tiene lugar el celebrado 5-0 del Real Madrid al F. C. Barcelona en un abarrotado Santiago Bernabéu, que hervía en sed de venganza. Precisamente al día siguiente se cumplía un año del 5-0 inverso, es decir, el del Barça al Madrid en el Camp Nou con la célebre cola de vaca de Romario a Alkorta. A la luz del tiempo transcurrido, la sensación es que las masas clamaban por cierta forma de desquite, pero se hace difícil precisar hasta qué punto había una demanda social real de conseguir un 5-0 que restañara aquel otro 5-0, o si es solo el hecho de que ese 5-0 se consiguiera lo que nos hace creer, engañosamente, que la gente exigía sangre hasta ese punto.

Lo que no es difícil es identificar, en la prensa de los días previos, un afán inequívoco de *vendetta* en el propio equipo. Son conocidas las manifestaciones en el sentido de que los madridistas tenían «sangre en el ojo». Así que no se puede decir que el Madrid no avisara. Lo hizo a través de su delantero del momento, el indómito Iván Zamorano. «Tenemos sangre en el ojo», soltó, sí, a la prensa la víspera.

Era una forma casi telúrica de advertir que el equipo, aún escocido por el denigrante 5-0 que el rival le había endosado en Barcelona el año anterior, tenía ganas de desquite. El resto es historia. El Madrid devolvió la afrenta insulto por insulto, estocada por estocada, gol a gol. Un 5-0 de vuelta, con Laudrup convertido por el ambiente bélico en paradigma de lo racial y vejando su propio pasado, con Luis Enrique vejando su propio futuro, con Zamorano gritando a los cuatro vientos sus tres dianas, enajenado bajo la red en un delirio de venganza consumada.

Laudrup, en efecto, había descrito, a la inversa, el camino que Luis Enrique recorrería un año y medio después. Laudrup pasó del Barça al Madrid, y Lucho haría lo contrario. Es necesario admitir que los dos darían más al rival de lo que dieron al club de Concha Espina. También Figo y Schuster deslumbrarían más de blaugrana que de blanco, aunque el portugués logró de blanco lo que se le resistió de azulgrana: la preciada Champions. La regla permanece inmutable: quien quiere ganar la Champions ya sabe dónde tiene que ir. Cuentan —no he podido confirmarlo, pero me gusta la historia y me suena verosímil— que Juni Calafat, el ojeador responsable de los fichajes de Vinícius, Rodrygo, Camavinga o Endrick, entre otros, aún hace su primera aproximación al joven objeto de su interés balompédico, quienquiera que sea, utilizando la misma fórmula: «¿Tú quieres ganar la Champions League?».

Digo que cuesta saber si la meta del vestuario blanco, antes de iniciar el partido, era ganar 5-0, o si *a priori* se habrían conformado con menos. Depende de lo que cada cual interprete dentro de la fórmula «sangre en el ojo». Lo que está claro es que, a medida que el partido se desarrollaba, y los goles iban cayendo, la perspectiva de devolver precisa y exactamente el 5-0 fue cobrando cuerpo. De hecho, el propio Valdano, entrenador blanco por aquel entonces, reveló en rueda de prensa que el sentimiento colectivo, una vez cayó el quinto, era más o menos el de darlo por bueno, desdeñando propinas en forma de más goles. «Ya no queríamos más. Curiosamente, un 6-0 o un 7-0 habría sido menos simbólico y brutal que el devolverles el guarismo exacto, aquel con el cual nos habían humillado justo un año antes».

La primera media hora de Amavisca y Raúl, de Hierro y Luis Enrique, de Quique Sánchez Flores y Laudrup es la de una escuadra insaciable arrastrada por una fiebre irracional de odio, y tal percepción se acrecienta a medida que los primeros goles no tardan en llegar. Pero quien atraviesa un trance implacable, quien se ve consumido por un fuego justiciero acorde con la confesada sangre en el globo ocular, es Iván Zamorano.

El chileno, que a comienzos de temporada había tenido que superar los recelos de Valdano sobre su idoneidad para cubrir el decisivo puesto de *killer*, no tarda en inaugurar el marcador, y a partir de ahí no hay paz en su alma, inflamada de cólera divina. Es un hombre que siente como una afrenta personal los cinco goles encajados hace un año, es decir, exactamente como cualquier aficionado, que también lo tomó como una afrenta personal gravísima. Es lo maravilloso de aquella tarde del equipo y de Zamorano (y de Luis Enrique): tomaron como causa propia la necesidad de restituir el honor ultrajado del hincha. Pocas veces he visto algo igual en relación con un partido de fútbol y menos en el Madrid, donde estamos acostumbrados a que las estrellas habiten en un estrato superior, indiferentes a nuestras cuitas, incluso a las cuitas que ellos mismos nos deparan con su bajo rendimiento o sus malos resultados.

Aquí se hicieron cargo y reaccionaron. Pocas veces más hemos visto al Madrid con esa ansia por devastar deportivamente al rival catalán. Recientemente vimos un 0-4 copero a domicilio, pero, por brillante que fuera la goleada endosada (con tres de Benzema y uno de Vinícius) a los de Xavi, el espíritu voraz e inclemente de aquella noche noventera no se ha vuelto a repetir. Es una pena, porque ocasiones para vengar nuevas afrentas en duelos individuales no han faltado. Nos han saciado sobradamente a punta de una Champions Leagues detrás de otra, pero echamos de menos unos cuantos ultrajes a los clientes de Negreira en los encuentros cuerpo a cuerpo. Sería de ley.

El primer gol no tarda en llegar. Premonitoriamente, acontece en el minuto cinco. Laudrup filtra un balón muy inteligente a Raúl, pero el balón sale desviado por mediación de la zaga culé. La pelota, suelta, llega a Zamorano, que la revienta con la izquierda y la pone en la escuadra. Su mejor amigo en la plantilla, Amavisca, no va a tardar en complementar la gran noche del llamado Bam Bam sirviéndole el 2-0, apenas en el minuto veintiuno: un pase bombeado que el chileno deja botar mientras cuerpea para hacerse espacio. La controla, avanza y cruza, otra vez con la izquierda, para batir a Busquets, padre del más conocido mediocentro del Barça de Guardiola (y de Negreira).

La masa blanca está enfebrecida. Aún no se ha impuesto la obligatoriedad de que todos los espectadores estén sentados, y en los fondos vemos a aficionados que montan avalanchas humanas que están al borde de resultar peligrosas. Por poco vuelve a liarse cuando Raúl, inocentemente, remata a las manos de Busquets un centro de Zamorano, que está en todas las acciones de peligro (de hecho, participará en los cinco goles). El dominio y las ocasiones blancas prosiguen, pero no será hasta el minuto treinta y nueve cuando se certifique la impresionante serie goleadora del nueve blanco.

Un balón en el área es tocado de cabeza por Zamorano y, cuando parece que José Mari Bakero podrá gestionarlo sin problemas, Laudrup se lo arrebata. Es el mundo al revés: la exquisitez porfiando contra lo aguerrido usando sus propias armas. Laudrup está en las filas de blaugranas cuando el Barça arrasa 5-0 al Madrid, y en las filas blancas cuando, un año después, los de Valdano les devuelven la moneda.

Un dato curioso que refleja de manera graciosamente oblicua la enormidad de un jugador.

El danés levanta la cabeza y se la sirve en bandeja al propio Iván, que remacha sobre la misma línea. Se queda prendido a la red durante unos segundos, en fotografía muy reconocible, hasta que la mitad del equipo llega y le abraza, todo ello dentro de la portería culé.

Al límite del descanso, Stoichkov tiene a bien dejar sus tacos en la rodilla de Quique Sánchez Flores, acción por la cual enfila antes de tiempo el túnel de vestuarios. Podríamos decir que es una acción con la cual el búlgaro deja clara su frustración ante el devenir del partido, pero lo cierto es que no nos habría extrañado tampoco en la victoria de su equipo. Se marcha braceando y soltando improperios contra el árbitro, a quien no ha dejado otra que expulsarle.

Cruyff, atónito ante la debacle de los suyos en el banquillo blaugrana, da entrada en el descanso a Romario, a quien incomprensiblemente había dejado fuera. Será demasiado tarde. Laudrup tendrá una gran ocasión que desbaratará Busquets, pero mi gol predilecto de la noche es el 4-0, que llega en el minuto veintitrés del segundo tiempo. No es el tanto más bonito del mundo, ni falta que le hace. Pero es el gol de Luis Enrique, por siempre hijo predilecto del madridismo. Por muchas razones, pero sobre todo por el modo imborrable en que lo celebró.

Es una finta extraordinaria de Martín Vázquez en la esquina del área la que le permite entrar en ella para meter desde la derecha un centro preciso para la llegada de Zamorano (¿quién si no?), que se adelanta a Koeman para rematar en plancha con el pie derecho. La pelota se estrella en el palo y sale escupida hacia dentro, por donde aparece Luis Enrique para marcar el cuarto con un punterazo, ayudándose del bote en el campo.

El asturiano se vuelve loco de euforia vikinga. Grita enajenado, en un éxtasis indescriptible. Agita los brazos con las manos abiertas y se aproxima a un córner para sentir de cerca el calor del público, en vehemente comunión con el madridismo sociológico. Y lo más espeluznante, lo más conmovedor: se saca la camiseta de dentro y la estira en dirección a la grada, como si la tensión del poliéster pudiera hacer las veces de catre para hacer el amor con el gentío, uno a uno, enamorado como está de ellos. Y ellos de él, por supuesto.

Y ellos de él.

No consignemos que él no puede, en ese momento, ni imaginar que un año y medio después estará en la orilla opuesta. No vale la pena apuntar la vulgaridad. Si tuviéramos que interpretar cada momento de un romance pretérito a través de la óptica de la traición en que acabó, la vida sería insoportable. Es un instante eterno como lo son todos, porque para él se impone la máxima quevediana, igual que cae sobre ti y sobre mí: «Ayer se fue; mañana no ha llegado. / Hoy se está yendo sin parar un punto». De manera que todo está, todo es en ese momento de fusión entre Luis Enrique y el escudo redondo con la corona.

Hay otros goles, pero están en ese. Por ejemplo, hay un quinto tanto, obra de Amavisca, pero a estas alturas, desde la perspectiva del tiempo, Luis Enrique ya le ha robado el foco. Porque desde este partido y para siempre, desde los prolegómenos del mundo y hasta su fin, no ha habido ni habrá nadie más madridista que Luis Enrique Martínez.

16

Aplazamiento, *tamudazo* y Reyes

Es una sensación incómoda cuando descubres que te vas a casar en vísperas del día en que el Real Madrid puede estar jugándose la liga contra el Mallorca, en la última jornada, y que, por tanto, no hay más remedio que aplazar el viaje de novios un día. Es frustrante, sobre todo, cuando comprendes que dicho aplazamiento no puede ser decidido de manera unilateral, sino que no queda otra que consensuarlo con otra persona. Es irritante cuando la vida se interpone en el camino del fútbol.

—Hola, hermosa, ¿cómo estás hoy? —saludé ufano a la que sería mi mujer, mientras pensaba cómo iba a venderle la idea; preferí hacer esto por teléfono, como entenderá cualquier otro cobarde como yo.

—Muy bien, ¿y tú? —respondió ella al otro lado—. No sueles llamarme a estas horas. Eso es que vas a pedirme algo.

—¿Cómo se te ocurre decirme eso? ¿No puede un hombre llamar a la mujer que ama a primera hora de la mañana, como prueba palpable de su devoción por ella?

—Aquí nos conocemos todos —replicó mi amada, y la verdad es que no sé a qué se refería.

—Verás —divagué, tras carraspear un poco—. Anoche me di cuenta de una cosa. No te quise llamar sobre la marcha porque ya era un poco tarde. Y sabes que nunca me perdonaría turbar tu sueño.

—Acabas de despertarme. Pero no importa. Dime.

—A pesar de que es muy importante y un poco urgente lo que tengo que decirte, preferí esperar a hoy para...

—Ve al grano. ¿Qué pasa?

—Es sobre el viaje de novios.

—Ya te dije que está todo arreglado. Los billetes de avión, reservados para el 16 de junio. También los hoteles en Costa Rica. No me dirás que vas a decirme que hay que cambiar algo del viaje de novios, cuando quedan pocas semanas.

—Verás... —farfullé.

—No has hecho nada en la preparación de esta boda. Tu única misión al respecto es presentarte en ella el día 15 en calidad de contrayente. Creo que es un buen trato, ¿no?

—Claro, claro... Verás...

—Solo se te pide que no molestes.

Percibí demasiada acritud en aquel comentario, por lo que simulé un corte en la comunicación telefónica, con la idea de contraatacar al cabo de un rato.

Me puse un café y volví a la carga.

—Es que se ha cortado —expliqué.

—Ya.

—Mira, la cosa es muy sencilla —empecé a exponer. Me encontraba con más energía tras el café. Mi añagaza había sido un acierto—. Nosotros nos casamos el 15 de junio y nos vamos de viaje el 16 por la mañana, ¿no?

—Sí.

—¿Es negociable?

—¿Lo de casarnos? ¿O lo de casarnos el 15?

—No te hagas ilusiones. Lo de salir de viaje el 16.

—No.

—¿Ni siquiera si te dijera que el Real Madrid puede estar jugándose la liga en la última jornada, en el Bernabéu ante el Mallorca, el día 17 por la tarde?

—…

—¿Hola?

La comunicación se había cortado. Pero esta vez no respondía a ninguna treta por mi parte. Seguramente, se había cortado de verdad. Aunque quizá…

—Cristina.

—Sí.

—No te enfades.

—Vale.

—Es solo si se puede.

—Si se puede ¿qué?

—Si se puede cambiar la fecha del viaje sin causar grandes trastornos. Aplazarla dos días. Salir el 18 en lugar del 16.

—El billete ya está reservado. Cambiarlo puede subir la tarifa. La reserva del hotel en Papagayo ya está hecha, y es en firme. Si llegamos un día más tarde, perdemos dos noches de hotel, así como suena.

—Costa Rica no va a ir a ninguna parte si tardamos dos días más de lo previsto en aparecer por allí —advertí, algo vehementemente.

—Puede que Costa Rica siga en el mismo sitio, pero no pondría la mano en el fuego respecto a mí.

—No digas cosas feas.

—Ponte en mi lugar. Me estás diciendo que aplace el viaje de novios, que ya está organizadísimo, para ir al Bernabéu a ver cómo el Madrid gana la liga.

Advertí a Cristina, con honestidad intachable, que estaba descontando cosas que estaban por definirse: el Madrid podía ganar o perder la liga, y la antelación con la que hablábamos (prácticamente un mes) abría un desconcertante abanico de posibilidades: podía ser incluso que Cristina aplazase el viaje y a la hora de la verdad todo fuera en balde, pues era una posibilidad matemática el que el Madrid llegara a esa fecha con la liga ya perdida. También lo era el que llegase a esa fecha con la liga ya ganada. Todos estos pormenores no le estaban haciendo la menor gracia a Cristina cuando la comunicación volvió a cortarse, vaya usted a saber si porque mi futura mujer puso fin a ella, o porque lo hice yo, o porque la comunicación quiso cortarse por su cuenta y riesgo. Son responsabilidades y culpas judeocristianas que quedan diluidas gracias a las telecomunicaciones.

No se me pregunte cómo, pero me salí con la mía y el viaje de novios se aplazó dos días. Así es la gran mujer con la que me casé.

La despedida de soltero tuvo lugar el fin de semana anterior en Mallorca. Coincidió con la penúltima jornada de aquella liga. El Madrid llegaba con un punto de ventaja sobre el Barça.

Hasta que no estuvimos delante de la puerta de embarque no supe que el escenario programado para mi despedida de soltero era Palma de Mallorca. Y hasta que no estuvimos en el hotel que mis amigos habían reservado en Palma no supe el disfraz que me tocaría lucir durante la cena y posteriores copas. De hecho, los componentes del Comité Organizador tampoco conocían el atuendo en su totalidad, sino que cada uno era consciente (e inspirador) de un retazo del mismo de este. En una especie de juego del cadáver exquisito en plan casposo, cada uno portaba una prenda, y nadie fue consciente del efecto conjunto hasta que se llevó a cabo la puesta en común de las diferentes piezas de la indumentaria. Cada uno había ultrajado el armario de su madre (o abuela, allá donde fuera posible) para escoger la más denigrante blusa, el más denigrante pantalón o los zapatos femeninos más incalificables, en función de qué prenda les hubiera tocado seleccionar al hacerse el sorteo. De manera que todos se rieron muchísimo mientras me vestían.

Hubiera preferido una de esas despedidas donde ponen al contrayente un delantal con dos enormes tetas y una diadema coronada con un níspero protuberante. Un atuendo de ese tipo no deja lugar a las dudas y la gente con la que te cruzas se hace cargo. Pero el disfraz pergeñado por mis amigos, un disfraz heterogéneo y mil-leches, el disfraz que me impusieron, podía ser perfectamente el de alguien que se viste así a propósito, sin coacción y (lo que es peor) creyéndose que va guapísimo. El hecho de que alguien pudiera pensar que yo era ese, que yo me vestía así en serio, supuso una tortura durante todas y cada una de las horas en que me hicieron llevarlo. Parecía una especie de Paco Clavel de saldo, si tal cosa es posible.

—Perdona, no te quiero molestar. Pero es que he observado que me miras raro. Solo quiero que sepas que si visto así es solo porque me obligan. Es mi despedida de soltero.

—No te creo, lo siento. ¿Dónde está el falo de látex en la cabeza?

Toni Perruca, mi amigo mallorquín, había organizado la cena en una marisquería con una gran televisión, en la cual podríamos seguir el partido del Madrid. Los amigos menos futboleros habían cedido a los más futboleros (entre los cuales estaba yo) un lugar preferente en la mesa, con acceso visual inmediato a la pantalla. Era como digo la penúltima jornada de liga, con el Madrid un punto por delante del Barça: por ello el canal en cuestión optó por intercalar trozos del partido del Madrid con fragmentos del partido del Barça, pues el campeonato se dilucidaba en ambos estadios. El restaurante estaba repleto de gente que cenaba viendo el fútbol, la mayoría hinchas del Barça a juzgar por sus cánticos.

Por supuesto, estoy hablando de la mítica noche del tamudazo. El equipo blanco necesitaba ganar, o al menos hacer lo mismo que hiciera el Barça, para asegurarse llegar a la última jornada en la mejor disposición para campeonar. El Madrid jugaba contra el Zaragoza en la capital aragonesa. El Barça recibía en su feudo al Espanyol, y ninguno de los dos partidos marchaba conforme a lo deseado. Los percebes se revolvían en mi estómago al comprobar que pasaban los minutos; mientras el Barça ganaba por la mínima, los nuestros perdían en Zaragoza también por un gol. Ello suponía que el Barça adelantaba al Madrid en dos puntos, al menos temporalmente. De acabar así ambos partidos, la liga quedaría franca y expedita para los catalanes en el último partido.

Los minutos transcurrían de manera agónica. Los culés de las mesas contiguas festejaban sin parar, conscientes de la dificultad de que las cosas cambiaran en tan breve espacio de tiempo (ambos encuentros ya agonizaban) y sabedores de que, si difícil es que las cosas cambien en un partido, cuánto más lo será que cambien en dos. De pronto, Van Nistelrooy cazó el empate en un balón suelto en el área. Los tres madridistas presentes en la mesa lo celebramos moderadamente: el Barça seguía ganando su derbi regional, y llegábamos a los últimos estertores de ese partido. Recortábamos un punto, pero el Barça seguía teniendo todos los pronunciamientos para la última jornada.

Hay un principio cósmico en virtud del cual, mientras las malas noticias pueden venir de quien las llora, las cosas positivas son anunciadas por personas que sienten por ellas la mayor indiferencia. Álvaro, mi mejor amigo y el de más tiempo, pese a que nunca ha entendido mi futbolerismo, ni por tanto mi madridismo, fue el único que reparó en un aviso situado en la parte inferior de la pantalla. Los demás estábamos demasiados ocupados en comentar el gol de Van Nistelrooy. Y lo enunció con una simpleza, con un gesto tan impertérrito, que hacía todavía más inverosímil un mensaje ya de por sí inconcebible.

—Gol del Espanyol en Barcelona.

Y fue así cómo, en aquella marisquería de Palma de Mallorca, se vivió el minuto más totalizador y espaciotemporal de la historia del fútbol: el minuto en el que las musas viajaron desde Zaragoza a Barcelona en un pestañeo del destino para guiar los pies de Van Nistelrooy y de Tamudo y poner las cosas donde tienen que estar: con el Madrid ganando títulos o en disposición completa de ganarlos. Todo en un minuto. El minuto en el que aquellos culés mallorquines, que llenaban las mesas del restaurante, tuvieron que aceptar esa visión ante sus ojos: la visión de tres hombres pegando un brinco de impresión, y volviéndose locos entre abrazos y berridos de desatada felicidad vikinga. Junto a ellos, Paco Clavel saltaba todavía más alto, y se desgañitaba en un eterno y gozoso monosílabo de tres letras.

Las cosas quedaban, pues, como debían quedar. El Madrid llegaba al último encuentro como favorito para alzarse con la liga, lo que me legitimaba a ojos de mi prometida, que había cambiado el viaje por causa de ese último encuentro.

La liga a la que me refiero fue la segunda de Capello, la de las remontadas, una de mis favoritas de cuantas he visto ganar a mi club. Lo es por varias razones. Es de Capello, un hombre a quien amo desaforadamente. Se consiguió remontando puntos al Barça y a base de remontar (asimismo) goles en varios partidos que comenzamos perdiendo. Y lo más importante: se consiguió jugando no sé a qué, pero desde luego no al fútbol. No hay nada más glorioso que alzarse con un campeonato de balompié habiendo, para ello, practicado otro deporte. Ignoto, desconocido. Otro. Uno, en todo caso, que reclama un uso feroz de testosterona.

La mañana de mi boda, mi hermano me llamó por teléfono. Me casaba a las cinco de la tarde.

—¿Estás nervioso?

—¿Cómo no voy a estarlo? Es mucho lo que nos jugamos el domingo contra el Mallorca.

No me había pasado desapercibida la coincidencia: venía de celebrar mi despedida de soltero en Mallorca, y nos jugábamos la liga ante el equipo de la capital balear. Solo podía ser una señal. Y, sin embargo, la señal se antojó claramente insuficiente durante los eternos minutos en que el Mallorca fue por delante en el marcador. Emulando la jornada anterior, el Barça iba ganando su partido y nosotros perdíamos el nuestro: eso daba con la liga en la basura. Con esto no quiero decir que el Barça sea la basura.

El estadio Santiago Bernabéu, escenario de tantas hazañas nacionales y europeas, estaba tan repleto como enmudecido. ¿Sería posible que la sucesión de remontadas del Madrid fuera finalmente en vano? La tensión se palpaba en el ambiente. Mi hermano mascullaba palabras de aliento al equipo, creando el efecto de una letanía descreída y compulsiva, desmentida por el tic nervioso de sus rodillas, en frenético sube y baja. A su izquierda, yo daba lo mejor de mí en cánticos de ánimo rotos por la angustia. A su derecha, nuestro eterno compañero de asiento, un camionero de Moratalaz cuyo primo tiene en los alrededores de Concha Espina un bar empapelado con fotos de Juanito y Stielike, se mostraba atenazado por la desesperanza. Este último detalle es buena muestra de la desazón reinante en la atmósfera, pues el camionero suele unir a su grueso tórax y su indisimulado peluquín un optimismo a prueba de bombas.

Ah, se me olvidaba. La boda de la víspera salió francamente bien. El coro cantó muy bonito, y todos los invitados coincidieron en señalar como un acierto la ensalada.

Minuto veintiuno del segundo tiempo y el Madrid continuaba perdiendo 0-1. En mi largo historial madridista, no recuerdo haber sufrido tanto durante el transcurso de un partido. La lesión de Beckham, sustituido por Reyes, tampoco presagiaba nada bueno. Reyes siempre me pareció un tipo sobrevalorado que había dejado el Arsenal (club que había pagado por él una millonada, y que le pagaba a él otra) porque en Londres llueve mucho. Llevaba una temporada muy mediocre, alternando entre la titularidad y la suplencia. ¿En aquel hombre debía yo depositar mis esperanzas para los veinticinco minutos restantes, a vida o muerte?

Hombre de poca fe, le digo ahora retrospectivamente al joven que se retuerce de padecimiento en su localidad: ¿por qué dudas? La historia del Madrid está llena de tipos como Reyes, como Joselu, héroes efímeros que no gozaron de continuidad y aun así saborearon pequeños, decisivos momentos de gloria. Reyes. McManaman. Anelka. Karembeau. Para que las cosas le vayan decentemente, el Barça necesita el compromiso permanente de una serie de adalides de la *senyera* y la inmersión lingüística, tipos que apoyan abiertamente (o por la vía pasiva del calla-otorga) el cuerpo de doctrina del nacionalismo, y que son los de siempre, los fieles cachorros de la Masía. Nosotros, en cambio, nos bastamos con nuestra nómina de discontinuos mercenarios, algunos de los cuales, como los de ahora, terminan asimilándose y siendo homologados como madrileños de pleno derecho, madrileños brasileños, franceses, ingleses... Qué más queremos.

Reyes remató un pase de Higuaín para lograr el empate. Mahamadou Diarra (el denostado, el también efímero) cabeceó un córner para poner el 2-1 que nos condujo al éxtasis. Y el propio Reyes multiplicó exponencialmente el éxtasis logrando el 3-1 que garantizaba la liga y el abrazo flamígero de mi hermano, el camionero y el que suscribe. Tipos como Reyes. Tipos como Diarra. Así son a veces los héroes del madridismo, lo cual solo es otra forma de decir que el héroe es el escudo. Ya se ha dicho antes en este libro.

—Por un momento —me confesó mi hermano mientras celebrábamos en Cibeles una hora después, sumidos en el gozo gregario de las banderas—, vi peligrar tu viaje de novios. O, mejor dicho, el de Cristina.

—¿Qué quieres decir? —le pregunté a gritos, recordando por primera vez después de mucho rato la existencia de mi flamante esposa, que me esperaba en la suite nupcial. Hablábamos, claro, a gritos, pues solo así podíamos entendernos en medio de los cánticos.

—Viendo la fogosidad de tu abrazo con el camionero, ya os veía a los dos en Barajas, luciendo idéntico juego de maletas, esperando el momento de embarcar con destino a San José de Costa Rica.

Soy, sin embargo, hombre de palabra, y la que embarcó conmigo rumbo a Costa Rica al día siguiente fue Cristina.

La luna de miel fue un gran éxito. Cristina acostumbra a declarar que si lo fue es sobre todo porque el Madrid había ganado el partido y la liga.

«No quiero ni pensar la cara de circunstancias que este hombre me habría llevado durante los quince días en Costa Rica si el Madrid llega a perder» es su frase habitual cuando el tema sale a colación. No seré yo quien quite la razón a una mujer tan sabia y extraordinaria como la mía.

José Antonio Reyes, el héroe improbable del día, moriría trágicamente, en accidente de coche, el 1 de junio de 2019. No lo conocí y, sin embargo, me ha dado más felicidad que muchas personas a las que he tratado durante tal vez años en relaciones de encuentro diario. Toda esa felicidad me la dio él en el mismo cuarto de hora. Más a su favor, si cabe. Los otros me vieron todos los días en un lugar de trabajo o en la portería de un edificio o en un quiosco de periódicos, y ni siquiera juntando todos esos momentos lograron empatar en felicidad procurada a Jesús Bengoechea con alguien que era un completo extraño en mi vida, alguien que nunca supo de mí, aunque yo sí supiera de él. Es raro, es quizá injusto o inconveniente, pero es así.

Ya sé que no fue solo ese cuarto de hora. Su fugaz paso por el Madrid (una temporada) tuvo otros momentos importantes. Sin embargo, para mí siempre será el hombre que revolucionó aquel último y cardiaco partido en casa ante el Mallorca que, si no llega a ser por las dos dianas del utrerano tras salir desde el banquillo, habría dado al traste con la liga de las remontadas de Capello.

Con la excepción de mi mujer en sí (que no me consiguió

él, sino que me busqué yo solito), toda esa felicidad de esos días inolvidables se la debo a Reyes. No solo a él, claro, sino también a todos sus compañeros en aquel triunfo del clavo ardiendo y del estoicismo capellista. Pero Reyes fue, como decimos, un protagonista destacadísimo de aquel agónico encuentro. Revolucionó el partido, empató a pase de Higuaín, dejó a Diarra el honor del gol desequilibrante y se permitió sentenciar la liga con un disparo desde fuera del área. No he vivido jamás un éxtasis así en el Bernabéu. Fue sencillamente inenarrable.

Para sorpresa de todos, y a pesar de haber sido el héroe en aquel logro inmarcesible, Mijatović, por entonces ya director deportivo, decidió no ejercer la opción de compra sobre Reyes, que estaba a préstamo del Arsenal. La gran paradoja es que Mijatović acertó, o eso cabe colegir del desarrollo posterior de la carrera del delantero andaluz. Su destino en el Madrid se circunscribía a llevarnos a la gloria en esa temporada inolvidable y, más específicamente, en ese partido para el recuerdo. Luego siguió en otros equipos, por supuesto, e hizo en ellos grandes cosas, pero la gloria del Madrid le reservaba aquel protagonismo esporádico. Hay cosas que son demasiado bellas como para ser complementadas por otras. Hay joyas que deben refulgir por sí mismas, de tal modo que su brillo desluce en compañía de otras gemas. La joya que Reyes fue en aquella noche del 16 de junio de 2007 no podía formar parte de ninguna corona. Su rara hermosura debe contemplarse como lo que es, una pieza única, decididamente prendida entre dos dedos.

En algunos artículos aquí y allá, yo criticaría a Reyes. Al

hombre que me subió a ese avión rumbo a Costa Rica, casi en volandas, acompañado por la que se había convertido en mi mujer, con la mayor dicha latiéndome en el pecho y la perspectiva de unos días únicos. A ese hombre critiqué. Y aquí estoy ahora, tratando de dilucidar qué hacer con mi propia mezquindad pretérita.

Hay personas, sí, que nunca supieron de nosotros, pero nosotros sí supimos de ellos. Supimos de ellos porque pusieron a vibrar en el aire la nota certera de un violín en un concierto de verano, o pronunciaron una frase en el tono exacto que el guion reclamaba en la película, o lanzaron a la red el balón cuando tanto creíamos jugarnos. Son belleza fugaz en nuestra vida. Ellos nunca sabrán qué felices nos hicieron. José Antonio Reyes jamás sabrá cuán intensamente feliz me hizo.

Díganme qué hago yo ahora con esto.

17

Capello es madridismo

Todo lo referido en el capítulo anterior aconteció bajo el mandato de Fabio Capello, el sargento de hierro, el hombre que se desempeñó como entrenador del club en dos únicas temporadas separadas por una década (96/97 y 06/07), en las que logró sendas ligas. La segunda de esas ocasiones, la llamada Liga del Clavo Ardiendo, es la temporada a la que nos referimos anteriormente. La primera fue menos emocionante, pero no es menos inolvidable por la personalidad de Fabio y la constelación de estrellas que el presidente Lorenzo Sanz había puesto a disposición del técnico italiano: Pedja Mijatović (lalalalá), Roberto Carlos (lolololololó), Seedorf, Panucci, Illgner y Davor Šuker (estos últimos cuatro sin canciones asignadas, o al menos no canciones tarareables).

Capello es puro ADN madridista, y la mejor demostración de ello tuvo lugar el 17 de abril de 1997, en un partido liguero contra el Sevilla en el Santiago Bernabéu. En el Madrid se premian el arrojo y el éxito, pero el primero jamás se celebra si no va acompañado del segundo, tal como sucede con el arte y el éxito. El éxito es la medida de todas las cosas en el Real Madrid, dígase ya si es que aún no se ha dicho, lo cual desmiente rotundamente eso de lo fácil que supuestamente es ser del Real Madrid. ¿Cómo va a ser fácil ser de algo que deslegitima cualquier mérito que no desemboque en la concreción gélida del metal?

El Sevilla formaba con un equipo lleno de ilustres y/o jugadores que a uno se le habían olvidado que pasaron por allí, como Prosinecki, que había fracasado en el Madrid por mor de las continuas lesiones y llegaría a militar también en el Barça, también sin pena ni gloria, o Salva Ballesta, potente delantero que alcanzó la internacionalidad española, amén del doble pichichi en primera y segunda división, hito en el que solo le acompaña el mítico Amancio (con Real Madrid y Deportivo de La Coruña, respectivamente).

El Madrid comienza ese partido con una pájara descomunal, y el Sevilla no tarda en aprovecharlo. Salva Ballesta se interna por la izquierda y mete un centro que José Mari no desaprovecha para adelantar a los hispalenses con un testarazo esquinado; sin tiempo para asimilar un comienzo tan nefasto, Illgner apenas alcanza a rechazar como puede un tiro lejano, que recoja Oulida para anotar el 0-2. La gravedad de la situación venía dictada porque apenas le quedaban algunas jornadas a la liga y el Barça, que iba ganando al mismo tiempo en Zorrilla, se acercaba peligrosamente: se ponía a solo cuatro puntos de diferencia.

Es entonces cuando Fabio Capello se enseñorea del Santiago Bernabéu, el mismo a cuyos piperos de las primeras filas llegó a dedicar alguna que otra peineta desabrida por la que luego se disculpó. A riesgo de que esos mismos aficionados lo increpen, Capello (que ya había sustituido a Chendo por Sanchís, tras un golpe en la ceja del lateral murciano) reúne la testiculina suficiente para reemplazar a Šuker por el brasileño Zé Roberto.

Es el minuto treinta. Quedan dos tercios del partido por delante. Davor Šuker es una de las máximas estrellas del equipo, además de tratarse no solo del máximo goleador del Madrid, sino de la competición en su conjunto. Vas perdiendo 0-2, la liga se va a poner en un puño, dejando al Barça libre el camino hacia la remontada de puntos, y quitas al pichichi de la competición para dar paso a un centrocampista brasileño que no había llegado a cuajar en el juego colectivo. Šuker no estaba jugando bien, pero aun así. Tienes que remontar una desventaja muy adversa, y ¿no se te ocurre nada mejor que hacer que desprenderte del máximo artillero con el que cuentas?

—Pero este hombre ¿qué hace? —decía la gente en las gradas, o así cabe traducir el murmullo incomodísimo que se apoderó de todo el estadio.

—Pero este hombre ¿qué hace? —le decía yo, como parte de ese murmullo, a mi hermano, sentado junto a mí en la grada.

A lo mejor por eso lo he traducido así, porque eso eran precisa y exactamente los términos de mi protesta. Infiero, de todos modos, que lo que decían los ochenta mil espectadores no difería en exceso de tal manifestación de perplejidad y zozobra.

Todo vuelve a Hitchcock, porque sustituir por Zé Roberto al artífice de la mayor parte de tus goles, en el minuto treinta, es como matar a Janet Leigh en medio de *Psicosis*, que es exactamente lo que hizo el maestro. Nadie en el público espera que la estrella de la película, el gran reclamo de taquilla, sea asesinada en la ducha a mitad de metraje.

Hay algunas diferencias que explicitan hasta qué punto el movimiento de banquillo en aquel Real Madrid-Sevilla es todavía más audaz que el movimiento de guion en *Psicosis*. Leigh es acuchillada bajo el chorro y bajo los violines chirriantes de Bernard Herrmann en el minuto cuarenta y cinco de metraje. Ya habría querido Šuker que Capello al menos le hubiera dejado llegar al descanso.

Por lo demás, lo de Fabio supera en bizarría el atrevimiento de Hitchcock, quien nunca tuvo delante las caras de estupor de los miles y miles de espectadores de la película que abarrotaron las salas de cine o la vieron en sus casas en el momento en que Janet Leigh es defenestrada. En cambio, Capello se enfrentó a ese estupor, a esa indignación más que previsible en muchos casos, en persona y en directo, con las miradas de odio clavadas en la nuca y ochenta mil gargantas preparadas para hacer notar su disconformidad *in situ*. Hay una cosa en la que el cine jamás podrá superar al fútbol: cojones.

Los cojones, en todo caso, no sirven de nada en el Madrid para gente que no sabe lo que se trae entre manos. No sé si el tomar decisiones corajudas es un valor absoluto en la vida, pero desde luego no lo es en el Real Madrid. Las decisiones corajudas, en el seno de ese club imposible y su entorno, solo son loables en tanto en cuanto son además acertadas. Los triples saltos con tirabuzón merecen reconocimiento solo si al final de estos hay otras dos manos que nos salvan de la llamada del vacío y nos impulsan al siguiente trapecio; el reconocimiento del valor en una lúgubre posteridad de camposanto no es para los triunfadores.

Hitchcock también sabía de esto. Traicionar a propósito las expectativas de la audiencia solo tenía gracia si la gente, a pesar de ello, acudía en masa a ver la película, como de hecho sucedió con *Psicosis*. Desafiar las del socio abonado sentando a uno de los héroes en el banquillo perdiendo 0-2, y con casi todo el encuentro por delante, era una excentricidad que solo un resultado final positivo podía legitimar. Nadie habría mirado a Capello con la admiración casi compasiva que se aplica al que, en otros campos de la vida, fracasa arriesgando bellamente. Si no llega a salirle bien, y como resultado de su locura perdemos el partido, y el Barça se acerca en la tabla y termina ganando la liga, *stronzo di merda* habrían sido los términos más cercanos a la admiración casi compasiva que habría manejado la prensa. Italiano para principiantes, bonita comedia dogma. O para fans de los Hombres G.

El fútbol no es cine, a pesar de lo que haya podido parecer en los últimos párrafos. Si lo fuera, Zé Roberto, el centrocampista brasileño que sustituyó a Šuker en el minuto treinta, habría marcado alguno de los goles de la remontada, o dos de ellos, o todos ellos. El mundo real lo tiene más difícil que el cine para no caer en el sensacionalismo, de manera que se privó de dar lugar a esa circunstancia un tanto hortera. Pero sí es cierto que, con Zé Roberto sobre el campo, el Madrid empezó a carburar, se ganó en fluidez, el equipo se presentó con más asiduidad cerca de los dominios de Unzué y, como consecuencia de ello, empezaron a llegar los goles. Está escrito en todos los manuales de estereotipos que no por jugar con más delanteros se meten más goles, aunque pocos de ellos indican que se puedan marcar más con menos delanteros, lo cual es ligeramente más ambicioso. Y más capellista.

Šuker vio desde el banquillo la remontada, por no decir el revolcón. Antes del descanso, y a fin de que la proeza no se antojara excesiva para cuarenta y cinco minutos, un taconazo de Raúl es aprovechado por Seedorf para fusilar a Unzué desde cerca. Raúl está en fuera de juego, pero la posición de José Mari en el gol antes narrado del Sevilla es también muy dudosa, vaya una cosa por la otra.

En el segundo tiempo, se desencadena el tifón. El público se enciende como suele hacerlo cuando huele la opción de una victoria memorable. Guti entra al campo en lugar de Víctor Sánchez del Amo, y el cuadro blanco gana aún más en generación de juego ofensivo. Zé Roberto combina con Mijatović en la frontal, el montenegrino abre hacia la derecha, por donde se desdobla Sanchís, y el centro raso del aquel día lateral lo remata Raúl en boca de gol, para empatar: 2-2. Poner a Sanchís de lateral derecho, cuando siempre fue central, es otra obra maestra de Capello que a muchos hace enarcar las cejas. Menos que quitar a Šuker en el minuto treinta, pero no lo perdamos de vista.

Una vez que se ha restablecido el empate en el marcador,

la fuerza del miedo escénico (Valdano *dixit*) prácticamente hace el resto. Se suceden las ocasiones. Roberto Carlos lanza un córner desde la derecha. La pelota va al primer palo. Zé Roberto, que no marca los goles, pero justifica sobradamente la apuesta de Capello, haciéndola de hecho más inteligible que si los hubiese marcado, peina de cabeza en el primer palo. En el segundo irrumpe Fernando Hierro para rematar de cabeza, picándola al suelo, con toda la rotundidad del sino de los rivales que osan enojar al Madrid. Unzué se mete en la portería con el balón, que es lo que aconseja hacer el Instituto Nacional de Meteorología en la eventualidad de un ciclón.

Habrá un cuarto gol justo antes del pitido final, obra de Mijatović tras suprema exhibición de habilidad de Seedorf en una incursión por la izquierda, pero para entonces el Valladolid ya le habrá remontado al Barcelona. El resultado combinado de la derrota culé en Pucela y de la de los hombres de Fabio ante el Sevilla es que el Madrid se distancia hasta los diez puntos, en lugar de aproximarse el Barça hasta los cuatro. La liga ya casi está finiquitada, y está vista para sentencia en beneficio del Real, que se proclamará matemáticamente campeón en el propio Bernabéu ante el Atleti. De tan intrínsecamente madridista que es el código genético de don Fabio, las ligas que se ganaron bajo su firme batuta son campeonatos doblemente blancos: por ser del club y por ser suyas.

18

«Pasádsela al mudo, que él todavía puede»

Antes de que el mundo quedara pasmado por la exhibición del Real Madrid en Glasgow el 18 de mayo de 1960, ante el Eintracht, y se asombrara ante el hecho de que los blancos levantaran su quinta Copa de Europa consecutiva (de cinco ediciones existentes), el mundo ya se había frotado los ojos ante la proeza del Madrid en Bruselas el 28 de mayo de 1958, frente al Milan, y se había mostrado casi incrédulo ante el hecho de que el Real Madrid levantara su tercera Copa de Europa consecutiva (de tres ediciones existentes). En ese momento, a nadie se le ocurría que pudieran llegar a ser cuatro consecutivas, y mucho menos cinco.

De hecho, si no fueron seis consecutivas es solo porque dos árbitros ingleses lo impidieron en octavos de la Copa de Europa 60/61. Me lo recordaba Canário cuando le entrevisté: «Mr. Ellis en la ida y Mr. Leafe en la vuelta. Fue contra el Barça, en noviembre del 60. Nos presentamos en esa situación como campeones de las primeras cinco ediciones de la competición. En el 2-2 del Bernabéu hay un penalti a favor del Barça por una falta del portero Vicente que, de serlo, es fuera del área, pero lo más grave viene a la vuelta, con tres goles anulados al Madrid injustamente y un posible gol fantasma de Gento, también escamoteado. En una de esas jugadas nos roban a la vez un penalti y un gol. [Todo esto se encuentra en YouTube, aclaramos al lector curioso]. Gracia me pega una patada en el pecho dentro del área, Del Sol anda por allí y marca de un trallazo. El árbitro señala algo. Pensamos que ha anulado el gol porque ya había pitado el penalti antes, pero nos encontramos con que no ha dado ni el penalti ni el gol. ¡Me pitaron falta a mí! Nos hicieron todas las perrerías posibles. Nos robaron la posibilidad de la sexta seguida porque ya era demasiado. ¡Habíamos ganado cinco! Alguien en la UEFA decidió que no podíamos ganar ninguna más. Entonces había árbitros que no querían que el Madrid ganara. Bueno, ¡no querían y siguen sin querer!».

Pero no estamos con el traumático hurto ante el Barcelona de la que podía haber sido la sexta consecutiva, sino con la tercera, que sí llegó, y que lo hizo en el estadio belga de Heysel para pasmo del planeta. Como decimos, por entonces ya resultaba poco menos que quimérico ganar las primeras tres ediciones, sin que la imaginación diera para pronosticar otras dos del tirón, ni que se pudiera jugar todavía mejor. Antonio Valencia, subdirector de *Marca*, opinó que se trataba del «partido más logrado —y uno ha vivido ya muchos— de los jugados en la Copa de Europa desde su fundación y en cualquier torneo internacional de clubs, parangonable, y en algunos aspectos superior, al mejor fútbol que se ha producido en los Mundiales». Tiene gracia ver cómo la viabilidad del fútbol de clubes a nivel internacional estaba aún bajo estudio y se lo comparaba con la escena internacional del fútbol de selecciones. «El Madrid —añadía Valencia— fue digno vencedor, pero jamás vencedor fácil, sino solo porque, después de un encuentro maravilloso por ambas partes, ha sabido remontar, lo justo, los méritos del adversario, en el momento decisivo». Qué manera tan profética, ya en 1958, de describir el modo en que el Real Madrid estaba destinado a sacar adelante tantos y tantos partidos plenos de emoción ante rivales casi tan insignes y temibles como el propio conjunto blanco.

La dificultad del partido ante el Milan viene inequívocamente dictada por el marcador, 3-2, y por el hecho de que se resolviese en la prórroga tras llegarse al fin de los noventa minutos con empate a dos tantos. Las crónicas apócrifas, las que han pasado de boca en boca, de generación en generación, hablan de un Madrid denodado que consigue forzar la máquina para imponer el tiempo añadido, pero que llega físicamente reventado a dicho alargue. Había sido una temporada enormemente exigente, en la cual el equipo de Carniglia también lograría hacerse con el título de liga nacional, y el encuentro en sí había sido extenuante. Cuando se inicia el tiempo añadido, se escucha en las filas vikingas el grito casi desesperado del líder Di Stéfano impartiendo instrucciones: «¡Al mudo! ¡Al mudo! ¡Pasádsela al mudo, que él todavía puede!».

El mudo era, por supuesto, Paco Gento, el mejor extremo zurdo de todos los tiempos, el más veloz, pero también el más incansable, aquel de quien Garrincha diría que un equipo con él mismo por la derecha, Gento por la izquierda y cualesquiera otros nueve jugadores sería necesariamente imbatible. La singularidad de Gento residía en que no solo era el más rápido, sino que era capaz de ejecutar una u otra vez sus vertiginosas incursiones por la banda sin apenas sufrir desgaste físico. De ahí las instrucciones de don Alfredo, falto ya de gasolina a esa altura, como el resto del equipo, excepto el cántabro más universal de la historia blanca.

La otra singularidad de Gento era que no hablaba demasiado, de ahí el apelativo cariñoso de su entrañable amigo. «¡Al mudo! ¡Pasádsela al mudo, que él todavía puede!».

Era la primera final de Copa de Europa para Pepe Santamaría, central uruguayo procedente del Nacional de Montevideo que había recalado un año antes en el club, pero cuyos papeles no habían llegado a tiempo para permitirle disputar la final de la Segunda, jugada en el Bernabéu y ganada 2-0, con goles de los propios Di Stéfano y Gento. En el momento en que escribo estas líneas, Santamaría tiene noventa y cuatro años maravillosamente llevados y, como ya he detallado en alguna parte de este libro, me honra con su amistad.

«Teníamos un gran equipo que había jugado bien todo el año —relata—. El equipo de la final era el conformado por Alonso, Atienza II, Santamaría, Lesmes, Santisteban, Zárraga, Kopa, Joseíto, Di Stéfano, Rial y Gento (recordemos que por entonces no había cambios). En mi primer año me había adaptado bien a mis compañeros. Teníamos confianza».

«Hay una anécdota que siempre recordaré —prosigue—. En el Milan jugaba otro uruguayo, Schiaffino, un centrocampista muy fino, extraordinario, que fue, de hecho, el autor del gol con el que ellos se adelantaron en el marcador. Había sido jugador de Peñarol, mi rival deportivo en Uruguay, dado que yo, por supuesto, jugué en Nacional de Montevideo. Terminó el partido con nuestra victoria y le busqué para saludarle como a los demás. Al fin y al cabo, y aunque rivales deportivos en Uruguay, éramos también compañeros de selección. Pero no lo encontré. Se había ido del campo. Disgustado por la derrota, no había sido capaz de esperar para darnos un abrazo. De manera que disfruté doblemente: por el triunfo y porque la anécdota demostraba que la diferencia de señorío entre un club y otro (Nacional y Peñarol) había vuelto a quedar patente, esta vez en Europa».

«El partido fue bonito y muy parejo, con muchas alternativas en el marcador. Al final nos impusimos en la prórroga, por esas cosas de la confianza ciega en la victoria que caracterizan al Madrid. Bueno, por eso y por Paco Gento, que era un fuera de serie y aún le aguantaban las fuerzas en el tiempo extra. Antes de la prórroga, los goles se sucedieron de manera muy rápida y a partir del minuto sesenta. Se adelantan, empata Di Stéfano, se vuelven a adelantar, empata Rial. Rial fue un jugador excepcional, además de una excelente persona. Sus pases eran prodigiosos. Fue el que mejor supo aprovechar la velocidad de Gento, que en nuestro juego era una variable esencial. No en vano el gol en la prórroga lo marca el propio Gento. Paco tuvo una trayectoria maravillosa en el Madrid. Un hombre muy callado, muy prudente, con unas condiciones increíbles para el juego. Sus carreras destrozaban las defensas contrarias».

«Rial había sido compañero mío en Nacional. Había jugado en Colombia también, donde había adquirido su enorme calidad técnica. Jugaba siempre con la cabeza levantada».

Continúa Pepe desentrañando sus recuerdos sobre esta final, envuelta en la penumbra del pasado, sujeta a las inexactitudes o exageraciones de la literatura oral. Es un fútbol cuyas hazañas han quedado para los juglares. Dentro de un siglo, cualquiera podrá estudiar quién fue y qué hizo Cristiano Ronaldo o Bellingham acudiendo a los correspondientes vídeos. De Di Stéfano, Gento y los suyos quedan algunas imágenes, pero sobre todo restan las palabras. Hasta que ya casi no queden. Hasta que no quede ninguna. El testimonio de quienes los vieron jugar es por ello impagable.

Continúa el testimonio de alguien insustituible. Pepe Santamaría no solo estaba allí, sino que fue uno de los artífices del triunfo con su acostumbrada solvencia defensiva, junto a Atienza y Lesmes.

«En la final de Bruselas triunfó nuestro sistema de juego, que era claro y definido. Procurábamos que el rival nos tirara muy pocas veces a puerta. Aprovechábamos la velocidad de Gento (junto al trabajo de Alfredo y los pases de Rial) para lanzar contragolpes mortales. La velocidad siempre fue un elemento crucial en nuestro juego. Agotábamos al contrario».

«Además conformábamos un buen grupo humano. El ambiente en el vestuario es muy importante. Todo el criticismo que hubiera entre nosotros era siempre constructivo. Estábamos constantemente animando al compañero, ayudándolo para que pudiera cumplir con su misión y pudiéramos hacer algo grande por el club, como así fue».

«Yo, desde la parte de atrás, hablaba mucho a mis compañeros. Los orientaba, los dirigía. En el medio campo empezó Muñoz y después Santisteban, futbolistas con estilos diferentes. Arriba, a los ya mencionados Gento, Di Stéfano y Rial se unían Kopa y Mateos, Mateos era la aportación al equipo de la cantera y de la ciudad de Madrid, y estaba dotado de un gran oportunismo goleador. A la gente, hoy, le puede chocar que jugáramos con cinco delanteros, pero hay que recalcar que todos defendían, empezando por Alfredo. Ahí nadie estaba quieto nunca, no parábamos. Todos nos ayudábamos constantemente. Fueron años fantásticos. Aquellas Copas de Europa no eran solo para mayor gloria del Real Madrid, sino en nombre de España también. Jugábamos para los exiliados que venían a vernos a las finales».

El gol decisivo de Paco Gento llega en el minuto ciento siete, en plena prórroga, cumpliendo las expectativas de Di Stéfano. Cuentan que no solo don Alfredo insistía en que había que pasársela al supersónico extremo, dado que era el único que conservaba la energía necesaria, sino que también pugnaba por hacer ver al interesado que era el hombre del partido, que el destino de la Tercera pendía de sus botas.

—Vamos, Paco, carajo. Tú puedes. Esto lo resuelves tú.

No se acojan a la literalidad de estas palabras, pasadas

por el filtro de mi fantasía. Acójanse, eso sí, a lo que las imágenes dicen que pasó; sabemos que no son imágenes producidas con inteligencia artificial: con los medios que tenemos hoy, nadie habría producido artificialmente imágenes tan borrosas desde ángulos tan obtusos. La jugada, sin embargo, ofrece tomas razonablemente claras, si bien fugaces. Hay un balón aéreo por el que pugna Di Stéfano. El que se desgañitara reclamando la obligación de pasársela al «mudo» no implica que él no siguiera dejando sobre el césped hasta la última gota de sudor. Un defensa milanista gana en el salto al mito y el balón sale despedido en dirección al ángulo derecho de la portería defendida por Soldan, uno de los mejores jugadores del partido según las crónicas.

El resto es historia, como suele decirse en parte para abreviar, en parte para destacar la carga abrumadora que comporta el narrar ciertas cosas. En ese momento agónico del partido, satisfaciendo las expectativas de don Alfredo, que es como satisfacer el cumplimiento de las Escrituras, el balón vuela llovido hasta Gento, que engancha un zurdazo potente y mordido. La pelota pasa milagrosamente entre las piernas de varios defensas italianos, mientras describe pequeños botes sobre el césped, para terminar alojándose en la red junto al poste izquierdo de Soldan.

Paco Gento murió el 18 de enero de 2022, cuando era presidente de honor del Real Madrid. Hasta que lograron igualarle Modrić, Kroos, Nacho y Carvajal, era el único futbolista de la historia que había logrado seis Champions Leagues / Copas de Europa, empatado con clubes como el Liverpool y con una más que el Barcelona. Fue titular en las seis finales europeas que ganó. Jugó durante dieciocho temporadas en el Real Madrid, récord que comparte junto con Sanchís hijo y el extraordinario portero Miguel Ángel, a quien perdimos recientemente a manos de la maldita ELA. Su número de Champions Leagues impresiona, pero más aún lo hace el saber que ganó doce ligas, es decir, dos terceras partes del total de las que disputó de blanco. En ese brutal registro solo se le acerca la sociedad Lionel Messi & Enríquez Negreira.

Yo no sé calcular el alcance del regalo que para mí fue tratar a Paco Gento, con alguna cercanía además, propiciada por mi amistad con su hijo Paco y su sobrino Joe, eminente baloncestista que también jugó en el Madrid. Según mi experiencia, no era tan parco en palabras como se contaba de él. El sobrenombre «el mudo», concebido por su queridísimo amigo, no estaba del todo justificado. Simplemente, tengo para mí que era un cántabro de los que, honrando el carácter local, no necesitan llenar los incómodos vacíos de conversación de palabras fútiles, seguramente por no considerarlos incómodos. Hay sabiduría ahí.

Pepe Santamaría califica siempre de «prudente» a su amigo Paco, y probablemente sea el término más adecuado. Era un hombre tan salvajemente modesto que no contó a su mujer que le iban a nombrar presidente de honor del Real Madrid.

—Mariluz, mañana ponte guapa porque vamos al Bernabéu. Hay un acto.

—Pero ¿un acto de qué?

—Un acto. Una copa. Tú arréglate, es a las siete y media.

Mariluz empezó a sospechar cuando, según entraban en la sala de eventos del estadio los invitados, viejas glorias del club, iban felicitando a Paco efusivamente. No tardó en descubrir por sí misma que el acto en cuestión era el de nombramiento de su marido como presidente de honor del club. Era de una timidez y un hermetismo que resultaban entrañables e hilarantes, sobre todo cuando se trataba de algo relativo al reconocimiento de su propia gloria, que rehusaba.

Es célebre aquella entrevista.

—Usted, don Francisco, ganó seis Copas de Europa…

—Sí, pero eso no lo pongas, hombre, que me da corte.

Si hubiera algún tipo de comunicación entre este mundo y aquel donde ahora moran los que lo habitaron pero ya no, pediría perdón a don Paco por haber tratado de glosar su grandeza inconmensurable, plasmada en aquel gol en la prórroga de Heysel. Le habría dado muchísimo apuro.

19

La sangre de Gento en Oporto

Paco Gento tuvo cuatro sobrinos, los Llorente Gento, que jugaron en el Real Madrid, dos en la sección de fútbol (Julio y Paco) y dos en la sección de baloncesto (José Luis —Joe en adelante— y Toñín). Tengo muy buena relación con toda la familia y una amistad inquebrantable con Joe. Es muy grato tener por amigo a quien en la adolescencia fue uno de tus ídolos. Joe ganó la Copa de Europa con el Madrid de los canastos en el año ochenta, amén de dos ligas, una medalla de plata en Los Ángeles 84 con la selección española y varios títulos más. La saga de los Llorente Gento se completa con Marcos, hijo de Paco, que creció en la cantera del Real Madrid y actualmente milita en el Atlético de Madrid.

Hablar de la saga de los Llorente Gento es hablar de ADN madridista, pero no en sentido figurado o en obediencia al estereotipo ya algo manido, sino en relación con el ADN literal. Ser sobrino de Gento tiene que pesar, y si nos atenemos al estilo de juego quien más ha heredado del hermano de su madre es por supuesto Paco, que jugó en el Real

Madrid, tras un breve paso por la cantera del Atleti, entre 1987 y 1994. Aunque posteriormente desempeñaría otras funciones en el terreno de juego —cosa que aceptó con enorme profesionalidad quizá en detrimento de sus virtudes—, es fundamentalmente recordado como un extremo izquierdo al estilo de su tío Paco. Un punta velocísimo, con desborde imparable, regate fulgurante y gran último pase. Yo no vi jugar en directo a Gento, pero sí lo vi, porque vi jugar a su sobrino, el sucedáneo con el marchamo más genuino posible.

La gran noche de Paco Llorente Gento en el Madrid es, por supuesto, la de Oporto. Fue el 4 de noviembre de 1987 y los de Beenhakker ganaron 1-2, remontando el tanto inicial portugués, con dos goles de Míchel tras sendas jugadas de Paco Llorente que fueron la quintaesencia del estilo Gento veinte años después de Gento.

Míchel recuerda el partido como uno de los más relevantes y de los mejores de aquel equipo, conformado por la Quinta del Buitre y otros ilustres como Gordillo, Janković, Hugo Sánchez o el propio Paco. Sobre aquel equipo excepcional, que dejó una indudable huella sociológica y estética, sigue pesando la maldición de no haber sido capaces de coronar con la Champions aquel estilo eximio, pero no por ello vamos a dejar de celebrar sus grandes noches.

«Fue un partido para recordar, tanto personalmente como para el club —rememora el ocho de la Quinta—. Aunque al final no pudimos ganarla, nos enfrentamos a todos los grandes de la competición y los eliminamos. Sin ir más lejos, es el año en que dejamos en la cuneta al Nápoles de Maradona, ganando por 2-0 en un Bernabéu cerrado y empatando a uno en Nápoles, con un tanto de Careca y otro de Butragueño».

«Nos tocó después el Oporto, que era el campeón de Europa —sigue Míchel—. Fue una eliminatoria competidísima, no solamente por la gran calidad de ambos equipos, sino porque después, de hecho, pudo ganar cualquiera de los dos. Era el campeón de Europa contra el gran aspirante a serlo. Al seguir sancionados, tuvimos que jugar la ida en Valencia, donde la ciudad se volcó con el Madrid, y conseguimos ganar por 2-1, con goles de Hugo Sánchez y Sanchís».

El marcador, cuando a la vuelta te enfrentas a domicilio al campeón de Europa, no era como para estar tranquilos. Además, por entonces estaba en vigor la regla del mayor valor de los goles conseguidos fuera de casa. «La cosa se complicó todavía más cuando en el primer tiempo, y a pesar de que estábamos jugando muy bien, pues fue un partido maravilloso por ambas partes, el Oporto se adelantó gracias a una falta que clavó magistralmente Sousa. Al descanso nos íbamos eliminados y la papeleta no era fácil, menos aún en casa del vigente ganador de la competición. Pero no nos pusimos nerviosos y en el segundo tiempo, sin prisas, madurando nuestra superioridad, fuimos capaces de dar la vuelta al partido y a la eliminatoria».

Es ahí donde aparece la figura de Paco Llorente, que entró en el descanso en lugar de Camacho, dando lugar a una reestructuración de Beenhakker muy interesante, con Paco por la izquierda, pero con licencia para meterse por dentro y así dejar la cal a Gordillo, que le doblaba continuamente y metía buenos centros. No se trata tan solo de las dos jugadas de los dos goles, que rematará Míchel. Repasas el partido y te das cuenta de cómo crea una y otra vez el pánico por la banda siniestra. Y siniestro total fue lo que el parte de la aseguradora decretó sobre el estado anímico de João Pinto, excepcional lateral portugués que tendría pesadillas con Paco durante largos años venideros.

«Las dos jugadas de Paco son extraordinarias. Yo siempre le decía que, cuando llegara al fondo, recordara que en el centro del área siempre tendría un amigo. Esa noche el amigo fui yo. Recuerdo la noche con mucha alegría. En Das Antas nos postulamos como el equipo que mejor jugaba y con opciones de ganar al trofeo, aunque al final se nos escapara en aquella noche de pésimo recuerdo contra el PSV. También lo recuerdo con la curiosidad de que la noche previa, tras una broma de Mino, me doblé la espalda, y tuve que jugar hasta arriba de analgésicos, con inyecciones para aliviar el dolor. Prácticamente jugué anestesiado, pero a lo mejor la anestesia fue buena para no pensármelo tanto a la hora de chutar y así meter los dos goles, uno con cada pierna. —Ríe—. Era una de mis especialidades, el tiro desde la frontal en llegada de segunda línea».

Las jugadas que preceden a ambos goles, con autoría de Paco Llorente, estremecen por el parecido con las que llevaba a cabo su tío en los años cincuenta y sesenta. La bicicleta, la finta, la línea de fondo como eje geométrico de todas las cosas, el fútbol en su esencia más *vintage*. Algún avezado manipulador de imágenes, con inteligencia artificial o algún otro ardid técnico de los muchos que se me escapan, solapará las jugadas de Paco Llorente Gento en Das Antas con las de su tío Paco en, pongamos, Heysel o Hampden Park, y con la excepción de algún codo más alto que el otro, o de una postura ligeramente más aerodinámica que otra, el encaje de las imágenes en movimiento será perfecto. En este caso, la sombra, no obstante, será la silueta en color. En este caso, el original es en blanco y negro. Perdón, recuerden: blanco, negro y una infinita gama de grises.

Hablar con Paco Llorente Gento es constatar que el parecido con su tío no se limita al nombre de pila y al modo de jugar. Cuando tiene la gentileza de atenderme por teléfono y le hablo de las dos jugadas de Oporto, se queda a un paso de decirme que eso no lo ponga en el libro. Que le da corte.

—Sí, tuve una buena noche. —Esa es la máxima manifestación de autobombo que voy a encontrar en la conversación—. Es verdad que Míchel me decía eso que te ha contado: cuando llegues al fondo, recuerda que en el área tendrás a un amigo, y vaya si esa noche lo encontré. Míchel chutaba muy bien, y los dos tiros de esa noche fueron extraordinarios.

—Vale, Paco, pero yo he repasado el vídeo y la lías muchas veces, no solo en los dos goles. Te pones a la izquierda y empiezas a recibir balones de Janković, y empiezas a generar ventajas con Gordillo, y comienzas a combinar con el Buitre y Hugo... Haces cuarenta y cinco minutos de fábula.

—...

—Admítelo, hombre.

—Tuve una buena noche, ya te digo. Pero lo de Míchel fue sensacional. Su primer remate es muy bueno, pero el segundo tiene todavía más mérito. En la segunda jugada me fui de dos, después de un tercero, y el centro, que en este caso hice con la derecha, sale algo mordido, con un recorrido que va dando botes, de manera que Míchel tiene que sacar un remate muy brillante para que sea gol.

No hay quien le saque de ahí. Es más: llega a decir que no vio el partido repetido (y es «su» partido, es decir, aquel por el cual todo el mundo recuerda a Paco Llorente Gento) hasta treinta años después, o algo así.

—¿Qué me dices?

—Lo que oyes. ¿Para qué sirve eso de volver a ver el partido que ya has jugado?

—¿Cómo que para qué sirve?

—Sí. ¿Para qué sirve?

—Pues, hombre, en el caso de haberlo hecho bien, para pegarte un chute de autoestima, de ego.

—¿Y para qué sirve el ego?

El caso es que no se le puede quitar la razón. Con esa respuesta, me deja completamente noqueado. Como en realidad sucedía con su tío, lo que llama la atención no es tanto la parquedad en palabras como la completa ausencia de vanidad. Es conocido por su brutal ascetismo dietético. Su alma parece también alimentarse solo de lo imprescindible, categoría donde no cabe el menor atisbo de vanagloria.

Su modestia es totalizadora, insobornable. Le recuerdo otra gran noche: otra remontada ante los polacos del Gornik, que, de no ser otra vez por la irrupción de Paco desde el banquillo, se habrían cargado al Madrid de la siguiente edición de la máxima competición europea, y en el mismísimo Bernabéu. Con 1-2 abajo, entra Paco por Martín Vázquez. Butragueño iguala al rato, pero hará falta un *sprint* portentoso del heredero natural (nunca mejor dicho) de Gento, esta vez por la derecha, para poner las cosas en su sitio. La carrera es tan fulgurante que Paco, al llegar a la línea de fondo, tiene que frenarse para esperar a que llegue alguien. Ha de detenerse para hacer tiempo. Se queda unos segundos maniobrando, jugueteando con el lateral izquierdo polaco, hasta que por la esquina del ojo ve llegar a Hugo Sánchez. El gol no solo es decisivo, sino histórico por un detalle que los *gourmets* no despreciarán: Hugo recibe de Paco y, en lugar de marcar al primer toque, como sucede en el 99,9 por ciento de los goles del mexicano, para el balón, se deshace de un defensa y anota.

Se lo cuento a Paco, con todo lujo de detalles porque acabo de repasar el vídeo en YouTube. Su respuesta es inverosímil y, sin embargo, me la creo, o creo que me la creo.

—No me acuerdo.

—¿No te acuerdas de qué?

—De nada. De nada de lo que has contado.

—...

—...

—Salvaste al puñetero Real Madrid de caer eliminado en casa ante unos amigos polacos, y dices que no te acuerdas de nada.

—Ya te lo he dicho, yo paso página muy rápido.

Llamo a su hermano Joe para ver si consigo sacar algún

halago, alguna mínima manifestación de fatuidad, aunque en el fondo sé que tampoco estoy llamando a la persona adecuada porque Joe también carece de ella. Siempre, eso sí, tuvo en altísima consideración deportiva a su hermano. «Sabíamos que tenía unas condiciones extraordinarias. Hacía cosas que nadie hacía».

—¿Qué hiciste la noche de Oporto?

—Lo seguí en casa en la televisión. Lo vivimos con enorme intensidad. Estábamos tan emocionados que de madrugada, a las tantas, nos fuimos al aeropuerto a recogerle. Cuando salió por la puerta de la sala de llegadas, rodeado por Míchel y Hugo y Buyo y Chendo y los demás, Paco traía cara de haber hecho la cosa más normal del mundo. Como si se bajara del autobús después de haber ido de Cuatro Caminos a Moncloa. Algún periodista, que viajaba también en el avión, contó que el titán de Das Antas había dormido a pierna suelta durante todo el vuelo.

Paco Gento y su saga. Eso sí que es ADN. El ADN de ser los mejores sin darse la menor importancia.

20

La clavícula de Pirri y otros exponentes de la furia

«Todo nervio y corazón». El verso del himno canónico, el de las mocitas madrileñas, consagra una idea medular para cualquier futbolista que aspire a vestir la blanca. Nos referimos a la obligatoriedad de dejarse hasta la última gota de sudor en el empeño de defenderla, evitando si es posible el derramamiento de sangre y el quebrantamiento de huesos, pero solo si es posible. En caso de producirse heridas que manen abundante hemoglobina, o de producirse roturas óseas imprevistas sobre el verde, ha de continuarse jugando, al menos mientras sea humanamente posible.

—Pero, oiga, ¿no será mejor para el futbolista y para el equipo ser sustituido por un compañero sano?

La tradición apunta en sentido contrario, y lo hace básicamente porque se remonta a los tiempos en que no había sustituciones. Así, cuando se llega a los tiempos en que el reglamento las autoriza, se restringe el uso de ese recurso a cuando sea estrictamente necesario. El pundonor no se negocia, y el jugador madridista se mira en el espejo de los viejos héroes de antaño, ídolos como Kopa, que siguió jugando hasta el término de la final de Stuttgart pese a lesionarse en el primer tiempo, o como Pirri, de quien todo el mundo sabe que jugó más de medio partido con la clavícula luxada.

En realidad, la creencia popular de que Pirri llevó a cabo semejante acto de abnegación no es exacta: hizo mucho más que eso, hasta el punto de que podemos asegurar que haberse desgraciado la clavícula y, pese a ello, haber seguido jugando es casi el menor de los actos heroicos que llevó a cabo en la final de Copa de 1968, antes de ella también, y sobre todo en los días que siguieron, afrontando las secuelas de todo lo que había pasado. La historia es espeluznante, y no precisamente porque el Madrid cayera 0-1 ante el Barcelona con gol en propia puerta de Zunzunegui y una nueva barrabasada del árbitro legendariamente culé Antonio Rigo, que hurtó un penalti de libro a los locales.

«Los días anteriores a la final estuve con fiebre», nos relata el propio José Martínez «Pirri». Es emocionante tener al otro lado del teléfono al presidente de honor del Real Madrid, el hombre que sustituyó a Gento en el cargo honorífico, el que jugó seiscientos noventa y tres encuentros con el club blanco hasta alzarse justificadísimamente a la altura del mito. «Acababa de volver de jugar el Mundial Militar de Bagdad con la selección militar, a la cual yo pertenecía. Estuve allí dos o tres semanas, y es evidente que contraje alguna enfermedad que traje conmigo a mi retorno a España. En la final no iba a jugar, pero teníamos bajas y pensé que el equipo me necesitaba. Decidí forzar. Me inyectaron varias veces tratando de bajar la fiebre, aunque esta persistía cuando salí al campo a jugar».

No tardaría mucho en torcerse aún más la suerte. «A mediados del primer tiempo, en una jugada con Eladio, caí mal y sufrí una luxación de clavícula. El médico, López Quiles, no quería que siguiera jugando, pero nos fuimos al vestuario, me infiltró, me puso un cabestrillo y yo insistí en volver a la cancha. Recordemos que por entonces no había cambios. A duras penas conseguí acabar el partido, con mucho dolor. Encima perdimos. López Quiles ya me había avisado de que, nada más terminar, iríamos corriendo al hospital porque esa clavícula había que operarla».

El espanto no había hecho más que comenzar. «Al llegar a la clínica Ruber, comprobaron que la fiebre seguía disparada. Lógicamente, en esas condiciones no podían operarme. Decidieron dejarlo para el día siguiente, con la esperanza de que la fiebre bajara. Pronto se vio que operarme o no, pese al dolor, era lo menos urgente, porque no mejoraba lo más mínimo. Seguían pasando los días, en los cuales permanecí hospitalizado, porque mi estado de salud era francamente preocupante, con fiebres altísimas. Me inyectaban antibióticos, pero no funcionaban. ¿Sabes, a lo largo de esos días de angustia, quién no faltó ni una sola mañana a visitarme y pasar largos ratos conmigo? Exacto. Don Santiago Bernabéu. Yo era un jugador joven, apenas de veintitrés años, y ese detalle me conmovió».

Es fácil imaginar la preocupación de los médicos al comprobar que, por más que transcurrían las horas y los días, la fiebre no remitía. La hipótesis más probable es que Pirri había contraído unas fiebres tifoideas en Bagdad. Había jugado al fútbol de manera intensa durante dos o tres semanas, bajo un calor de justicia. Alguien apareció por allí con unos cubos llenos de hielo para saciar la sed, y todo indicaba que eran de agua contaminada. «Estuve muy enfermo, y encima no podían operarme la clavícula. Me encontraba francamente mal y los médicos estaban preocupados. Recuerdo que me salieron unas llagas terribles en la boca. Seguían poniéndome inyecciones, pero la fiebre no bajaba. En medio de este infierno, nunca me faltó el aliento de don Santiago, que pasaba las horas conmigo en la clínica».

Las fiebres se fueron por donde vinieron, no sin antes amenazar la vida de Pirri durante ocho o nueve días. Finalmente, se curó. Por lo que cuenta, todo indica que una anatomía menos resistente habría sucumbido a la enfermedad. La operación se llevó a cabo sin incidentes.

«Poco a poco me recuperé también de la operación, y un día recibí la gratísima noticia de que don Santiago, en premio a lo soportado, había decidido inaugurar una condecoración muy especial: la Laureada. Era una distinción creada *exprofeso*. Don Santiago me la impuso en el vestuario, junto a mis compañeros. Fue un día único».

La Laureada es un honor muy pocas veces concedido por el club. La de Pirri fue la primera, como premio a su renuencia a dejar al equipo con diez pese a encontrarse en condiciones tan precarias. El jugador sufriría otras lesiones de mucha consideración, la mayoría óseas, que afrontó con el mismo estoicismo y espíritu de sacrificio. Se rompió un brazo en la final de la Recopa contra el Chelsea, y también siguió jugando, con el brazo roto. Dos días después se disputó el partido de desempate y también lo jugó, aun en tales circunstancias.

Asimismo sufrió ante el Málaga la fractura del maléolo tibial derecho, y contra el Atleti la de un dedo del pie. Para entonces, ya se había introducido en el reglamento la posibilidad de hacer cambios, por lo que lo sustituyeron por Fleitas y Toni Grande respectivamente.

Pirri constituye el epítome de este componente racial, tan característico del Madrid de la época, que como decimos se traslada en alguna medida a nuestros días, como veremos con algún otro ejemplo. Poner en riesgo el propio físico nunca ha sido cuestión que haga arredrarse a un futbolista vikingo.

Junto a directivos como Agustín Domínguez, otros de los escasos ganadores de otras Laureadas fueron el propio Gento o Carlos Alonso «Santillana», mítico nueve al que ya nos referimos. En abril de 1973, Santillana sufrió un golpe en un partido en el campo de Sarriá. Fue un encontronazo con De Felipe, futbolista *perico* que también jugaría en el Madrid. El golpe, en la zona del estómago, fue durísimo, y Santillana tuvo que retirarse del campo.

La alarma saltó cuando, en el vestuario, comenzó a orinar sangre. En las revisiones correspondientes se detectó que Santillana solo tenía un riñón.

«En el vestuario salió sangre al orinar —recuerda nuestro protagonista—. Casi me muero, casi me caigo patas arriba. En las pruebas se descubrió que tenía una malformación congénita y que tenía un solo riñón; muy grande, eso sí, porque el organismo es muy sabio y yo había tenido un hiperdesarrollo del riñón. Lógicamente, no tenía ni idea de esto. En aquella época hacías un electro, el pulso, la tensión, análisis de sangre y listo. Nadie me había encontrado esto. Había médicos que decían que no debía seguir jugando, que era un riesgo. Hasta que uno de los especialistas más importantes de España y el mundo me vio en Barcelona. Era el doctor Puigvert, que me recibió por mediación de Samaranch, porque no era fácil que te viera. Me hizo muchas pruebas y me dijo: "Carlos, todo está bien, se ha curado la herida, el riñón funciona. Es una cuestión psicológica por el temor de que te llegue a pasar algo". Y me puso un ejemplo que me convenció: "Vas por la acera andando, se cae un tiesto, te da en la cabeza y te ha matado porque solo tienes una cabeza; te dan un golpe en el hígado, y como solo hay un hígado puede matarte. Y resulta que tú solo tienes un riñón. Pues ya está. Igual que solo tienes un corazón o un hígado"».

Con todo, la posibilidad de que se produjera otro golpe en la zona estaba ahí, y podía ser fatal. «¡Yo tenía veinte años! Era un niño, ¿tú sabes lo que es? Psicológicamente, me costó mucho recuperarme, estuve tres o cuatro meses que no…, que no podía jugar, que tenía miedo. Pero al final el médico me dijo: "Si tienes una incidencia, tienes más problemas que cualquier otra persona, pero tú has vivido toda la vida así, te funciona perfectamente, tú decides". Y yo tiré *pa'lante* y hasta hoy, gracias a Dios».

Hasta hoy, efectivamente. Carlos Alonso «Santillana» se convertiría, con un solo riñón, en leyenda viva del club. Su valentía en la decisión de seguir jugando, pese a la amenaza descubierta contra su salud, lo corona como uno de los máximos exponentes de la abnegación de los héroes más aguerridos de la historia blanca. Se convertiría en el cuarto máximo goleador en liga de la historia del club, además de ganar nueve ligas, dos Copas de la UEFA históricas (en las que fue fundamental, como ya vimos), cuatro Copas de España y una Copa de la Liga.

El madridista de a pie ha sentido siempre una devoción especial por aquellos miembros de la plantilla capaces de ignorar el dolor o el riesgo y sacrificarse por el equipo. La imagen del gran lateral izquierdo Camacho con una venda en la cabeza, jugando pese a su herida, se considera no solo el paradigma de la furia española, sino también del pundonor más intrínsecamente merengue.

Hace poco se ha producido un eco de esas legendarias conductas, remisas a aceptar la existencia del riesgo anatómico, y no la protagonizó ningún jugador español. En partido de la fase de grupos de la última edición de la Champions League, frente al Shakhtar Donetsk, dos alemanes nos dejaron la jugada racial del nuevo siglo madridista. El momento representa, además, la confluencia de dos tendencias seculares: el gol en el último minuto y el gol jugándose el tipo. Tuvo las dos cosas en la misma jugada.

El Madrid necesitaba un tanto para clasificarse matemáticamente para octavos. El partido, jugado en Varsovia por la situación bélica en Ucrania, daba sus últimos estertores. Toni Kroos, en pose muy característica de su inteligencia, indica con el brazo a Rüdiger el lugar exacto en el que le va a caer la pelota. Era la segunda vez en el partido que lo hacía. En la primera, llegando desde atrás, su compañero, compatriota y tocayo había llegado a rematar de cabeza, pero había mandado el balón fuera rozando el poste. En la segunda no falló, pero pagaría un precio por su acierto. Asombra (o no tanto, tratándose de Toni Kroos) la coincidencia exacta entre el punto señalado por el alemán y las coordenadas donde llueve el esférico (como lo llamaban los antiguos), sobre todo porque el otro alemán aún está lejos, viniendo en carrera, cuando el cuero (como también lo llamaban los antiguos) surca el aire. El hecho es que Antonio Rüdiger llega a rematar el balón de cabeza, pero el portero ucraniano también llega a rematar con el puño la cabeza del central. Al día siguiente, en la tele, con el ojo que le va a quedar sano, podrá ver cómo la pelota se estrella en un poste, recorre mansamente la línea de gol y acaba por traspasarla, ya junto al poste opuesto. Pero en ese momento no puede ver nada. Solo un objeto no identificado en forma de guante doblado, si bien mucho más duro que un guante doblado, por cuanto dentro se aloja un puño que choca frontalmente con los alrededores de su ojo derecho y explota en una emisión amorfa de sangre.

Rüdiger yace en el suelo, en medio de un charco rojo. Por los gritos en la grada sabe que ha sido gol, y eso le sirve de lenitivo del dolor, pero la sangre no cesa de manar y los servicios médicos del club lo trasladan rápidamente al vestuario para una intervención de urgencia. Los medios oficiales del Real Madrid ofrecerán la escena, no apta para todos los paladares. En todo momento, junto a los médicos que aplican los puntos de sutura junto al mismísimo globo ocular, acompaña al alemán su gran amigo Alaba. En el vídeo escuchamos a un Rüdiger incapaz de prescindir de su carisma, ni siquiera en esas circunstancias.

—Tranquilo, hermano, ya era muy feo antes de que me pasara esto.

Casi nos olvidamos, en este recorrido de avatares sobrellevados con blanquísima entereza, del protagonista de nuestro capítulo anterior. Paco Llorente Gento sufrió una dislocación de hombro en un partido europeo contra el Milan, y con el mejor espíritu Pirri, y como ya se habían efectuado todos los cambios permitidos por el reglamento, decidió seguir sobre el césped con el brazo en cabestrillo. Fueron apenas quince minutos, pero quince minutos en los que asumió la amenaza de un nuevo golpe o caída con el consiguiente dolor insoportable. El eco del pasado que trajo la imagen de Paco jugando con el brazo inmovilizado fue puro madridismo, como lo fue la de Rüdiger saliendo del vestuario con media cara vendada.

21

Un puñado de héroes con el alma rota

Ha sido precisamente mi amistad con Joe Llorente Gento la que me ha permitido llegar a George Karl, un mito de la NBA, el sexto entrenador en número de victorias en la historia de la mejor competición de baloncesto del mundo: superó los mil triunfos. En septiembre de 2022, George Matthew Karl entró a formar parte del Basketball Hall of Fame, al que solo tienen acceso los mitos.

No solo George Karl entrenó también al Real Madrid, en un breve periodo del siglo pasado y al comienzo de su carrera como técnico, sino que esa experiencia le marcó profundamente, hasta el punto de que, cuando Joe y yo tuvimos la oportunidad de entrevistarle para *La Galerna*, nos dejó titulares como «Soy lo que soy gracias al Real Madrid» o «Mi corazón se quedó en Madrid».

Es interesante que alguien hable con tanta devoción de un periodo tan convulso de su vida. Las dificultades con las que se encontró Karl en su desempeño en el banquillo merengue, al frente de una sección que ya contaba por entonces con siete Copas de Europa, y por tanto con una enorme exigencia aparejada, fueron abrumadoras. La más destacada de ellas, por supuesto, fue el fallecimiento de Fernando Martín.

Fernando Martín es el mito por excelencia de la sección de baloncesto del Real Madrid. Es un caso equiparable al de Juanito en la sección de fútbol. Sus tempranas muertes, acaecidas en sendos accidentes de tráfico, los elevaron instantáneamente hasta la categoría de iconos, cosa que realzó en el inconsciente colectivo blanco sus indudables virtudes deportivas, su carisma y su liderazgo.

Llegó al Real Madrid en 1981 procedente de Estudiantes. En los siguientes cinco años, vivió los mejores años de su carrera deportiva, en los que se consagró como el mejor pívot de España y uno de los mejores de Europa. Junto a compañeros como Joe Llorente Gento y otros ilustres del baloncesto patrio ganó cuatro títulos de la liga (1982, 1984, 1985 y 1986), tres de la Copa del Rey (1985, 1986 y 1989), dos Recopas (1984 y 1989), una copa Korać (1988) y un Mundial de Clubes (1982). Con España se llevó, también junto a Joe, la medalla de plata de Los Ángeles 84.

Su éxito llamó la atención de la NBA. En 1985 fue el primer jugador español en ser incluido en el *draft*. En verano de 1986 dio el gran paso y fichó por los Portland Trail Blazers, y así se convirtió en el primer español y segundo europeo en entrar en la gran competición estadounidense. En 1987 regresó al Real Madrid, donde permaneció hasta su trágico final.

Es difícil explicar el carisma y la capacidad de seducción

de Fernando con el madridismo. Era un luchador que se relacionaba primorosamente con los valores característicos del club, amén de un baloncestista eminente. Su apostura le convirtió en el novio ideal, por el que suspiraban las madrileñas (y las no tan madrileñas). Lo explica su amigo Chechu Biriukov, otro ilustre exjugador de la sección: «Aunque éramos bastante conocidos, cuando salíamos juntos a las discotecas teníamos que bailar para ligar. De eso no nos librábamos. Todos menos uno: Fernando. Fernando no tenía que currárselo. Ese llegaba, se sentaba en su sitio con su zumo de melocotón (el puto zumo de melocotón) y enseguida tenía a un par de chicas que se le acercaban para charlar».

Es difícil explicar el trauma colectivo que supuso el inesperado fallecimiento de Fernando. La mayor parte de la gente supo lo que había pasado por la radio. Tal fue mi caso. El Madrid jugaba en casa y Fernando estaba citado por el equipo, a pesar de encontrarse lesionado. En su camino al pabellón madridista, una curva fatal, en una autopista de circunvalación de la capital española, acabó con su vida.

José María García, el periodista que prácticamente monopolizaba la radio deportiva en España, anunció que un jugador del equipo de baloncesto había fallecido en la carretera, pero no sabía de cuál se trataba. No había redes sociales y las noticias eran confusas. Los jugadores iban llegando al pabellón para jugar el partido, y cada uno de esos arribos servía para seguir incluyéndolo en el mundo de los vivos, para descartarlo como el finado. «Ha llegado Corbalán», anunciaba el reportero enviado por García al pabellón. «Ha llegado Joe Llorente». «Ha llegado Iturriaga». No había teléfonos móviles para que los jugadores fueran llamándose entre sí para poder hacer descartes en aquella macabra lotería.

Llegó un punto en que solo faltaban por llegar los dos hermanos Martín, Fernando o Antonio. Antonio, miembro también del equipo, era un prometedor pívot, menos consolidado en la élite que su hermano. Con el tiempo triunfaría en el Madrid y, ya retirado, presidiría la ACB.

«Ha llegado Antonio Martín», anunció finalmente el reportero, lo que ya impulsó a García a comunicar el fatídico descarte.

A George Karl, todo aquello, recién llegado de Estados Unidos como técnico, le cayó encima como un armagedón. Así nos lo contó a Joe Llorente y a mí en aquella entrevista en *La Galerna*.

«Mira, si excluyes el nacimiento de mis hijos, aquellos tres días tras la muerte de Fernando son los más emotivos e intensos de mi vida. Mi hijo Coby tenía una relación muy especial con Fernando. Cuando él entrenaba, Coby andaba por ahí y le cogía los rebotes para que Fernando siguiera lanzando. El día del accidente, estábamos todos, Coby también, en el pabellón, esperando para el partido. Fernando no iba a jugar ese encuentro porque tenía problemas en el tendón de Aquiles, pero tenía que venir al pabellón a entrenar en todo caso. Unos y otros nos fuimos enterando de lo que había pasado. Yo no sabía qué hacer. Los jugadores os empezasteis —le habla a Joe— a marchar en diferentes direcciones, supongo que la mayoría al hospital, pero yo no sabía ni siquiera dónde estaba el hospital, así que no tenía ni idea de adónde ir. Me enteré unos minutos después de que había muerto. Y esa noche... Esa noche fue la primera vez en que tuve que explicarle a mi hijo Coby que alguien había muerto. Fue su primer contacto real con el concepto de la muerte. Era un niño de apenas siete años. Aún hoy, Coby recuerda perfectamente ese momento».

Al día siguiente tuvieron lugar los actos fúnebres, con toda la plantilla devastada por el drama. «Por la mañana tuvimos un encuentro, todos los del equipo, en el pabellón. Antonio (Martín) estaba allí junto a sus hermanos, y diría que también su madre. La familia me llevó a un rincón apartado y me dijo cuánto me respetaba y me quería Fernando. Y yo sabía que le caía bien, pero no que se sentía conectado a mí de una manera tan poderosa, no lo supe hasta ese día. Era una habitación pequeña en el pabellón (probablemente, en el palco) y la escena duró unos veinte minutos».

«Clifford (Luyk) vino luego y me habló del funeral, que iba a ser esa noche a las ocho —prosigue Karl—. Yo era un americano recién llegado a Madrid, y como no sabía orientarme por la ciudad pensé que no iba a encontrar el lugar del funeral y no fui, aunque luego supe cómo había sido. Supe que al final la gente había empezado a corear "Fernando está aquí"». Aunque la entrevista es en inglés, George repite esto en castellano, al igual que la palabra «palacio», que usa para referirse al pabellón.

Al día siguiente, en el propio pabellón donde se había instalado el féretro, y donde tantas personas vinieron a expresar sus condolencias y su respeto a Fernando, llegó la delegación de la sección de baloncesto del Barça. Todos los jugadores del gran rival también estaban hechos trizas, en particular Audie Norris, el feroz pívot blaugrana cuyos duelos bajo el aro con Fernando siempre echaron chispas. Me llenó de una congoja especial saber que, cuando Norris se acercó a la madre de Fernando para darle el pésame, ella exclamó, entre lágrimas: «¡Ay, hijo mío! Y ahora, ¿con quién te vas a pegar tú?».

Sigue Karl respondiendo a las preguntas de Joe.

«¿Cuánta gente vino al pabellón? Sabe Dios. Recuerdo unos veinte autobuses de equipos de la liga. No sabíamos cómo sacar el féretro del palacio, ¿te acuerdas? Hasta que espontáneamente jugadores de diferentes equipos lo subieron por las escaleras y lo sacaron al exterior. Era como una película. Alguien tendría que rodarla. Ahí nos subimos en nuestros autobuses y fuimos al cementerio. Yo me asomaba por la ventana y veía a fans siguiéndonos en nuestro camino para dar sepulcro a Fernando. Y no sé si te acuerdas, Joe, pero los autobuses no podían entrar dentro del cementerio porque el arco era demasiado bajo, de manera que todo el mundo descendió de los autobuses, con sus trajes y sus vestidos negros tan impecables, y se adentró entre las tumbas bajo una lluvia fina».

«Recuerdo el frío que hacía —prosigue Karl—. Recuerdo también que llovía. Había tanta gente que nunca llegamos a donde tuvo lugar el descenso del féretro, sino que nos encontramos a la familia ya cuando volvían de hacerlo. Allí fue cuando nos fuimos al centro de la ciudad, otra vez en el autobús, para comer juntos en el hotel de concentración, ¿te acuerdas, Joe? En cierto punto, algunos se fueron a sus habitaciones a descansar un poco, pero los demás nos quedamos contando historias de Fernando. Estaba Chechu. Estaba Quique (Villalobos). Estaba Clifford. Llorábamos. Chechu estaba enfadado (con el destino, supongo). Bebí muchas cervezas. Creo que es la primera y la última vez que me he emborrachado antes de un partido. Una pequeña siesta y nos fuimos a jugar».

¿A jugar?, se preguntará el lector. En efecto. Había un partido de la Recopa europea, contra el Paok de Salónica, esa misma tarde en el palacio. A los dos días de la desaparición de Fernando. Resulta casi inconcebible que el partido se jugara, y, sin embargo, como se verá, fue un encuentro destinado a entrar por derecho propio, dadas las circunstancias, entre los más grandes del baloncesto vikingo. Según tengo entendido, la decisión de seguir adelante con la celebración del partido, a pesar de las luctuosas circunstancias, fue de Antonio, hermano de Fernando: era lo que Fernando hubiera deseado.

En el prepartido, en un pabellón impregnado de sollozos, se dieron ofrendas florales. La camiseta de Fernando se dispuso encima de la silla donde él se sentaba habitualmente en el banquillo. El número diez sería apartado, en señal de respeto al compañero y héroe caído. Nadie volvería a lucir ese dorsal.

«Yo pensaba: *wow*, algo muy especial está pasando aquí. Algo tremendamente poderoso. Total, que comienza el encuentro y jugamos de espanto».

Era de prever. ¿Qué otra cosa se esperaba? Fue el 5 de diciembre de 1989. El partido está íntegro en YouTube. Volver a ver ese primer tiempo es lastimoso. En la primera jugada de ataque del Madrid, tras anotar Paok, Antonio Martín ya falla una bandeja, solo bajo el aro, algo que solo puede ser indicativo de un bloqueo mental atroz. A los jugadores se les ve atenazados, como solo cabe comprender. Están anímicamente rotos, apenas han dormido, probablemente apenas habrían comido nada. No hay acierto en el tiro, se fallan muchos pases fáciles y se pierden multitud de balones; en defensa tampoco hay acierto, siendo como es la concentración una de las condiciones más necesarias para ofrecer un buen rendimiento defensivo. El público trata de apoyar con sus gritos de ánimo, pero el encefalograma del equipo es plano. Hace cuarenta y ocho horas, estaban enterrando a su compañero, a su amigo, a su hermano…, también a su mejor jugador. Curiosamente, Antonio Martín es el único que mantiene el tipo, mientras la mayoría de sus compañeros están desorientados, descentrados, romos. Si el primer tiempo de Antonio Martín es plausible, el segundo será sobrenatural.

Durante la primera mitad (por entonces eran solo dos mitades y no cuatro cuartos), los griegos van incrementando su ventaja ante la impotencia blanca. El tiro exterior no funciona —prácticamente, no hay ni confianza para intentarlo— y en la pintura impone su ley el griego Fasoulas. 33-46 es el resultado al descanso. Los jugadores han hecho todo lo que han podido dadas las circunstancias. En ese momento, casi nadie espera que vayan a terminar haciendo mucho más de lo humanamente posible.

Joe me lo dijo en cierta ocasión, cuando me atrevía a sacar el tema, y me confesó que por primera vez había llorado al recordarlo. «Yo no sé qué pasó en el descanso, pero en el segundo tiempo salimos sumidos en una especie de trance».

En realidad, sí sabemos lo que pasó en el descanso. Nos lo recordó George Karl, que hizo memoria con uno de sus discípulos más queridos, Joe Llorente Gento. En el descanso, George pronunciaría unas palabras que activarían en los jugadores el ansia por consumar una cita definitiva con la posteridad: «Chicos, cualquiera entendería que perdierais este partido. No habría nadie en el mundo que pudiera culparos por ello. Nadie excepto una persona: Fernando. Incluso en estas circunstancias, nos habría dicho que deberíamos ser capaces de superar lo sucedido y ganar».

Al fin y al cabo, ¿para qué habrían accedido a jugar el partido dos días después de dar sepulcro a Fernando, si no era para derrotar a los griegos?

Dejen de leer este libro y busquen el segundo tiempo en YouTube. ¿Qué hacen aquí? Corran.

Enfebrecidos, arrastrados por lo que parecería la necesidad del cumplimiento de un destino, los de Karl van recortando distancias. Biriukov empieza a enchufar sus triples, Antonio sigue hecho un coloso en el rebote y anotando las que tiene bajo la canasta, y todos comienzan a defender con obstinación. El 48-53 a los cinco minutos del segundo tiempo habla elocuentemente de la reacción. Frederick y Anderson, los dos americanos del equipo, se unen a la remontada. El público, sumido en la mística de las circunstancias, aplaude incluso los fallos blancos, deseosos de sumar en lo que se anuncia una página histórica. A los ocho minutos, el Madrid se adelanta por primera vez: 56-55. Ya no abandonará la ventaja en el electrónico. Volvemos al himno de antaño: «Todo nervio y corazón». Corazón. ¿Cómo no ponerlo entero sobre la cancha en tributo al amigo, al hermano muerto, aunque el propio corazón se despelleje a tiras?

Antonio Martín está poseído por un espíritu indomable e infalible. Parece imposible que alguien que juega en ese contexto juegue así de bien. Joe Llorente, que ya está en cancha impartiendo magisterio en la dirección del juego, añade nervio al corazón, y cerebro a la bendita locura, además de marcarse un inesperado triple cuando los griegos están intentando ver por dónde viene al aire. Después, quien terminaría siendo mi gran amigo roba un balón y corre el contragolpe para terminar asistiendo a Anderson, en jugada a campo abierto quintaesencialmente blanca. Cargol también juega, a esta altura del partido, en plan NBA.

Véanlo. Gócenlo. Háganlo en solitario si la timidez les impide dejarse ver llorando. Es una exhibición espeluznante, que concluye con 92-71 para el Real Madrid, un milagro obrado por un puñado de hombres con el alma rota. Un puñado de hombres en trance, como dijo Joe.

«Antonio (Martín) estuvo increíble —rememora Karl, emocionado—. Acabamos ganando el partido, y la gente coreaba "¡Fernando! ¡Fernando!". Y los jugadores os subisteis a la grada y os abrazasteis a la gente, y trepasteis al palco donde estaba la madre de Fernando. Y la abrazasteis. He contado esta historia cien veces, y siempre que lo cuento alguien me dice que se debería hacer una película sobre esto».

Se entiende que su temporada en el Madrid marcara a George Karl tan hondamente, tanto desde el punto de vista profesional como del estrictamente personal. «Estoy orgulloso de haber entrenado a ese gran club durante dos años de mi vida. Orgulloso de ser madridista. Mi corazón, en muchos aspectos, sigue en Madrid».

«Para viajar lejos no hay mejor nave que un libro».

EMILY DICKINSON

Gracias por tu lectura de este libro.

En **penguinlibros.club** encontrarás las mejores
recomendaciones de lectura.

Únete a nuestra comunidad y viaja con nosotros.

penguinlibros.club